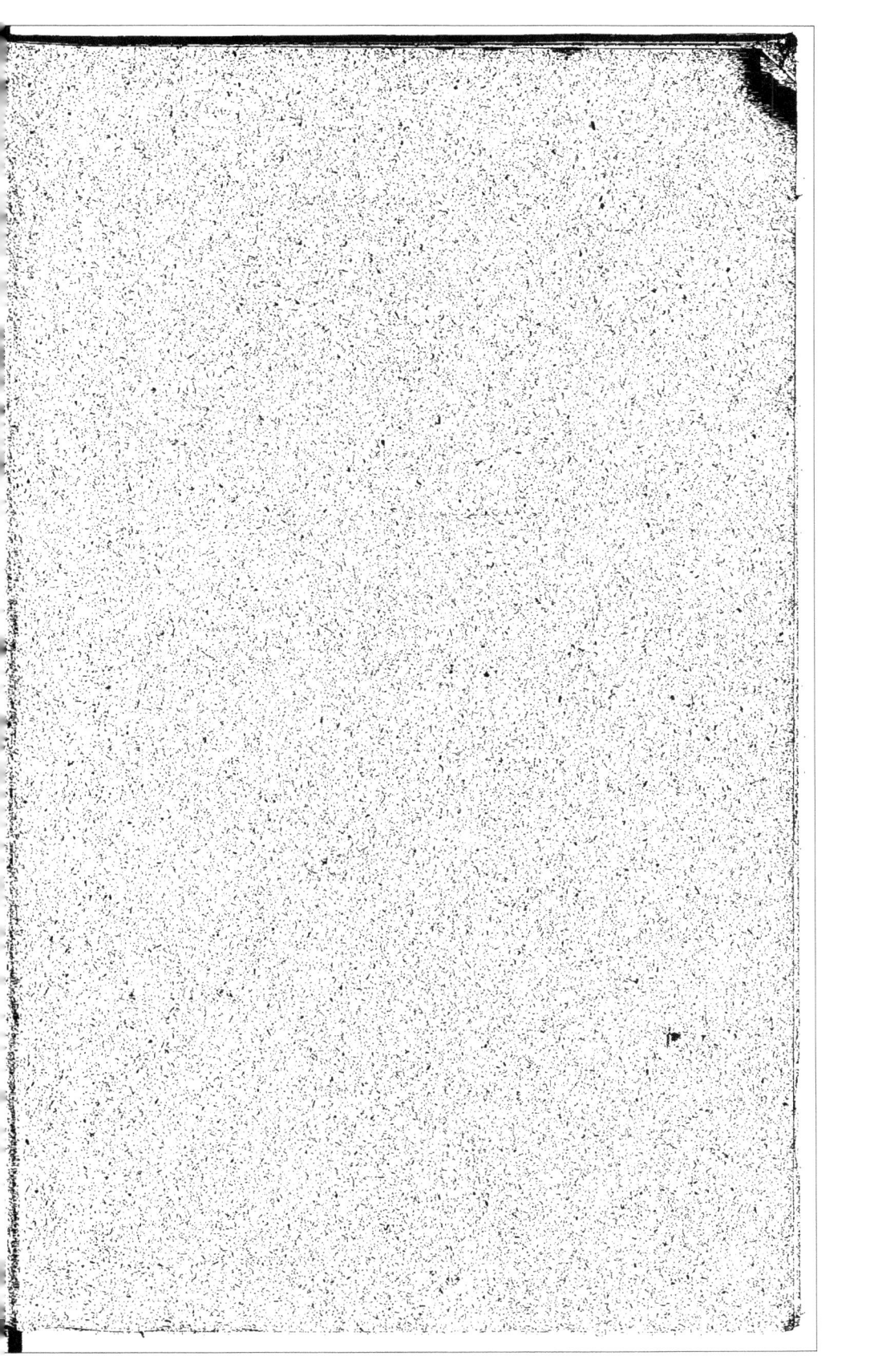

Examen

DU

PROJET DE LOI

SUR

les Faillites et Banqueroutes.

Par Lainné,

AVOCAT,

ex-négociant.

PRÉSENTÉ A LA CHAMBRE DES DÉPUTÉS,

LE 9 FÉVRIER 1835.

PRIX : 2 FR.

PARIS.

CHEZ L'AUTEUR, RUE DU BOULO⋎

—

1835.

J'aurais voulu faire précéder cet examen du projet de loi mis aujourd'hui en délibération de quelques considérations générales sur la législation actuelle des faillites et banqueroutes, mais le temps m'a manqué.

Prévenu seulement depuis vendredi que la discussion sur le projet de loi allait s'ouvrir aujourd'hui, je n'ai pu que livrer de suite à l'impression mes notes sur chaque article, et, au lieu d'un exposé complet des vues dans lesquelles mes observations ont été faites, je n'ai pu que tracer rapidement un aperçu général, qu'il est essentiel de lire pour apprécier le but de mon travail.

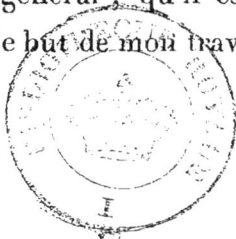

APERÇU GÉNÉRAL.

Le Code de commerce a été promulgué à une époque où de nombreuses faillites avaient causé un véritable scandale; c'était une conséquence de nos troubles civils et de l'ébranlement général des fortunes : il fallait reconstituer le crédit; telle était la mission du Code.

Il a atteint ce but : on serait ingrat de le méconnaître, car on doit lui attribuer la sécurité du commerce français. Mais, par cela même qu'il a amélioré les mœurs commerciales, il se trouve aujourd'hui en arrière de ces mœurs.

Le crédit a reçu depuis un immense développement. A mesure que le crédit s'étend, à mesure aussi s'augmentent les chances de mécompte et de pertes, et les lois qui ont pour but de régir les intérêts compromis par ces événemens doivent subir des modifications corrélatives.

A l'époque du Code, les faillites étaient généralement présumées frauduleuses, parce qu'à cette époque un grand nombre de faillis étaient reprochables. La loi devait donc, conforme à l'opinion, rassurer le commerce par des précautions sévères. Elles sont aujourd'hui inutiles, parce qu'aujourd'hui la majeure partie des faillites doit être attribuée plutôt au malheur qu'à la mauvaise foi.

Mais une grande faute du Code, dont les effets se font sentir tous les jours, doit être reconnue;

Après avoir mis le plus grand soin à distinguer la faillite de la banqueroute simple, et celle-ci de la banqueroute frauduleuse, le Code n'a presque pas mis de différence dans leurs conséquences.

Le failli reconnu honnête homme, même concordataire, se trouve frappé des mêmes incapacités et des mêmes humiliations que le banqueroutier.

Cette parité de position a empêché que les distinctions de la loi fussent adoptées par les masses, et ces qualifications de faillis et de banqueroutiers sont restées à peu près synonymes.

Cette sévérité, ou plutôt cette injustice est cause du peu de ressources que présentent généralement les faillites, parce que l'honnête homme, voulant éviter le malheur à tout prix, se trouve entraîné malgré lui jusqu'à sacrifier l'avoir de ses créanciers, après avoir épuisé ses ressources.

Outre les inconvéniens de détail, qui seront signalés dans l'examen du projet de loi, je crois reconnaître encore une grande faute dans les conditions généralement impossibles à remplir, que le Code a mises à la réhabilitation.

Comment veut-on que celui qui a tout sacrifié, présent et avenir, pour éviter une faillite, puisse parvenir à payer intégralement ses créanciers?

La mission de la loi nouvelle était donc de réparer ces fautes.

La première, en proportionnant les incapacités à la culpabilité, pour arrêter le négociant honnête sur le penchant de sa ruine.

La seconde, en adoptant la loi des Pays-Bas sur la réhabilitation qui exige, non le paiement intégral, mais la simple déclaration que chaque créancier est *satisfait.*

Ce mot seul ferait rentrer dans la caisse des créanciers presque autant que le montant des dividendes promis par les concordats.

Mais on pourrait faire encore plus pour le négociant que des malheurs non mérités mettent dans la nécessité de cesser ses paiemens. On pourrait lui épargner jusqu'au nom de failli, en adoptant une mesure déjà employée avec succès, et qu'on appelle *mise en liquidation.*

Dans l'état actuel de la législation, cette *mise en liquidation*, qui permet d'arriver, sans frais et sans faillite, à la réalisation de l'actif du débiteur, sous la surveillance de commissaires amiables, ne peut avoir lieu que par le concours unanime de tous les

créanciers. Concours très-difficile à obtenir , et qu'il
faut presque toujours acheter par des sacrifices particuliers.

La difficulté était d'arriver à cette mise en liquidation par des voies régulières et légales ; elle ne me
paraissait pas insurmontable. La commission à laquelle j'ai proposé cette mesure l'a jugée inadmissible : c'est sans doute une forte raison de croire
que je me suis trompé ; néanmoins, comme mon idée
pourrait en faire surgir une meilleure, je crois devoir
indiquer en quelques mots les moyens de l'adapter
à notre législation.

Dans mon système , le débiteur, que je suppose
sans reproches et ayant des livres réguliers , déclare sa position au juge de paix de son arrondissement, lui dépose ses livres et son bilan, et le prie
de réunir ses créanciers au jour le plus prochain.

Ceux-ci, convoqués par lettres du greffier , nom-
ment des commissaires pour examiner la situation
de leur débiteur, leur en faire rapport et les mettre
à même de délibérer sur le parti à prendre.

Au jour indiqué par les commissaires , les créanciers s'assemblent, entendent le rapport et délibè-
rent sur les propositions du débiteur.

Si les conditions proposées ne sont pas acceptées à
la majorité en nombre représentant au moins les trois
quarts du passif, le négociant est renvoyé au tribunal
de commerce en état de faillite.

Si elles sont acceptées, le juge de paix en dresse

procès-verbal qu'il envoie avec toutes les pièces et livres au tribunal de commerce.

La délibération est signifiée aux créanciers dissidens, avec assignation à huit jours au moins, devant le tribunal de commerce, afin qu'ils soient présens à l'homologation.

Dans l'intervalle, les livres et pièces déposés au greffe peuvent être vus et examinés par tout créancier. Sa vérification des créances s'établit ainsi après le traité.

Le tribunal statue, sauf l'appel dont on peut restreindre le délai, à 10 jours, comme dans la loi nouvelle.

Par ce moyen on épargne les frais et les lenteurs d'une faillite, on arrive à un arrangement amiable sans sacrifices particuliers, et on évite au débiteur jusqu'au nom de *failli*, qui suppose une *faute*, et qu'il ne mérite pas, puisque je pose en principe qu'on ne peut admettre au bénéfice de *mise en liquidation* que le débiteur irréprochable.

En suivant cette hypothèse, la qualification de failli n'appartient plus qu'à ce que le Code appelle banqueroutier simple, et le titre de banqueroutier reste à tout failli convaincu de fraude.

Telles sont, sommairement, les vues générales que j'aurais voulu pouvoir présenter avec quelques développemens. Je les abandonne à elles-mêmes, ou plutôt je les confie à ceux qui voudront bien les adopter et les faire valoir.

Il m'a paru nécessaire de les énoncer, pour indiquer dans quel esprit j'ai examiné la loi proposée ; non pas que j'aie cherché à introduire mon système dans la loi, ce que je n'aurais pu faire sans bouleversement, mais parce que j'ai tâché de faire prévaloir les principes qui me l'ont inspiré :

Égards et protection au malheur non mérité ;
Sévérité contre l'inconduite ;
Rigueur contre la fraude.

EXAMEN DÉTAILLÉ,

ET PAR ARTICLES,

DU PROJET DE LOI

SUR LES FAILLITES ET BANQUEROUTES.

———————— o ————————

DISPOSITION PRÉLIMINAIRE.

Le livre III du Code de commerce sur les faillites et banqueroutes est abrogé, et sera remplacé par les dispositions suivantes.

Si le livre III du Code de Commerce renfermait toutes les dispositions législatives qui concernent les faillites et banqueroutes, son abrogation ne laisserait plus subsister que les dispositions de la loi nouvelle : il en résulterait cet avantage que le commerçant y trouverait l'énumération de toutes les conséquences d'une faillite, et pourrait y puiser, sinon une terreur salutaire, au moins un utile avertissement.

Mais il s'en faut de beaucoup que le Code contienne toutes les dispositions applicables et appliquées aux faillis, et non-seulement à ceux qui sont sortis de l'état de faillite par un concordat, mais même à ceux qui sont encore sous le coup du contrat d'union de leurs créanciers.

Sans parler des dispositions de l'ordonnance de 1673, qui ne sont pas encore explicitement abrogées, nous avons les articles 45 et 51 du titre II de l'ordonnance du 3 mars 1781. Nous avons ensuite la Constitution de l'an VIII qui dit, article 5 : « L'exercice des droits de citoyen français est suspendu par l'état de débiteur failli ou d'héritier immédial,

» détenteur à titre gratuit de la succession totale ou partielle
» d'un failli. » Cette disposition reçoit encore son application,
même contre le failli qui a fait concordat, quoique par le
concordat l'état de faillite ait nécessairement cessé.

Nous avons encore un décret du 8 juin 1806 qui interdit
au failli le droit d'ouvrir un spectacle : dans l'acte du
16 janvier 1808 qui constitue la banque de France, nous
trouvons (article 50) le failli exclu de l'avantage de participer aux opérations de l'escompte : enfin, les faillis sont déclarés incapables d'être agens de change ou courtiers de
commerce (art. 83 du Code), et ils ne peuvent être élec-
teurs ni jurés, comme privés de leurs droits politiques par
la Constitution de l'an VIII. Il existe peut-être encore beaucoup d'autres dispositions éparses dans nos milliers de lois
qui s'appliquent également aux faillis, et, indépendamment de
ces lois, il est certain que plusieurs administrations ont posé
en principe l'exclusion des faillis des places dont elles dispo-
sent. Si la loi nouvelle a l'intention de perpétuer cet état de
choses et de maintenir, même à l'égard du failli le plus innocent, ces dispositions rigoureuses qui en font un véritable
Paria, il faut qu'elle ait la franchise de le dire, afin que tout
homme qui se livre au commerce, et qui commence, comme la
plupart, avec les capitaux d'autrui, sache à quoi peut l'exposer
un revers de fortune quelque innocent qu'en soit le principe.

Peut-être, cependant, serons-nous assez heureux pour
obtenir sur ce point important une modification nécessaire,
afin que la loi devienne juste envers tous, en respectant le
malheur et en réservant sa sévérité et ses rigueurs contre les
fautes graves et les fraudes. C'est ce que nous traiterons avec
quelque développement au chapitre *de la réhabilitation*.

Dans tous les cas, et quelle que doive être la décision des
chambres, il est à désirer, il est indispensable que la loi s'explique sur toutes les incapacités dont le failli sera frappé à
l'avenir, afin qu'il ne soit permis à personne de les étendre
au-delà des limites qu'elle aura fixées. Par conséquent la loi
projetée doit déclarer abrogées toutes les dispositions relatives
aux faillis et banqueroutiers, sans exception, sauf à repro-

duire, dans un chapitre spécial, les incapacités qu'elle croira devoir conserver.

LIVRE III.

DES FAILLITES ET BANQUEROUTES.

Dispositions générales.

Article 437. Tout commerçant qui cesse ses paiemens est en état de faillite.

La faillite d'un commerçant peut être déclarée après son décès, lorsqu'il est mort en état de cessation de paiemens.

La première partie de cet article est exactement conforme à l'article 437 du Code, mais le second paragraphe est une disposition nouvelle qui a pour effet de saisir la masse des créanciers de l'avoir de leur débiteur, lorsqu'il est mort en état de cessation de paiemens; mais on ne pourrait l'étendre à celui dont la mort aurait précédé la cessation de paiemens. Sous l'empire du Code, il y avait incertitude sur cette question, et plusieurs tribunaux avaient prononcé que le décès faisait cesser la faillite; ils avaient ainsi rendu à l'héritier l'administration confiée d'abord aux syndics : il y avait danger, car l'héritier pouvait mal administrer, n'ayant pas d'intérêt à tirer parti d'une succession insuffisante pour payer les dettes. Il est donc juste de conserver l'administration aux syndics, qui ont intérêt, pour la masse, à tirer le meilleur parti possible de l'actif de leur débiteur décédé en état de faillite.

438. Tout commerçant failli qui se trouve dans l'un des cas de faute grave ou de fraude prévus par la présente loi, est en état de banqueroute.

Cet article est conforme à l'article 438 du Code; il n'y a lieu à aucune observation, sinon que la loi nouvelle a supprimé ici les dispositions de l'article 439, qui expliquait de suite qu'il y avait deux espèces de banqueroutes : cette disposition est maintenant renvoyée au titre II, qui s'occupe spécialement des banqueroutes.

TITRE PREMIER.

DE LA FAILLITE.

CHAPITRE PREMIER.

De la déclaration et de l'ouverture de la faillite.

439. Tout failli sera tenu, dans les trois jours de la cessation de ses paiemens, d'en faire la déclaration au greffe du tribunal de commerce. Cette déclaration devra être accompagnée du dépôt de son bilan ou état actif et passif de ses affaires. Le jour de la cessation des paiemens sera compris dans les trois jours.

En cas de faillite d'une société en nom collectif, la déclaration contiendra le nom et l'indication du domicile de chacun des associés solidaires.

Cet article correspond à l'article 440 du Code; il n'en diffère que par l'addition des mots : « Cette déclaration devra » être accompagnée du dépôt du bilan ou état actif et passif » de ses affaires. »

Examinons d'abord les dispositions qui sont communes à la loi projetée et à la loi actuelle.

La première consiste à contraindre le failli de faire sa déclaration dans les trois jours de la cessation de ses paiemens; et comme le jour de la cessation compte pour un, il n'a guère que quarante-huit heures pour prendre cette résolution, d'où dépend l'avenir de toute sa vie.

Cette disposition est à peu près inexécutable, surtout pour le failli honnête homme, qui ne peut prendre cette triste résolution sans avoir épuisé tous ses moyens et perdu toute espérance de traiter à l'amiable avec ses créanciers.

Les créanciers eux-mêmes voient d'un mauvais œil le débiteur qui se résigne à sa faillite sans avoir fait tous ses efforts pour prendre des arrangemens avec eux ; ils en concluent que la faillite est préparée d'avance, et ils augurent très-défavorablement des intentions de leur débiteur.

Il est impossible, en effet, si la faillite n'est pas un parti pris d'avance, que le débiteur s'y décide ausi promptement que le voudrait la loi ; il ne peut le faire sans consulter sa famille, ses amis et les personnes expérimentées dans ces sortes d'affaires ; il ne peut le faire sans connaître sa situation, sans être en état de la faire connaître à ceux qu'il désire consulter. Aussi qu'arrive-t-il communément dans la pratique ? Le débiteur qui, la veille de la cessation de ses paiemens, se flattait encore qu'on viendrait à son secours, est frappé de son malheur et généralement hors d'état de se rendre compte à lui-même de sa position ; à plus forte raison est-il dans l'impossibilité d'en rendre compte aux autres.

Dans cet état de choses, des conseils éclairés ne peuvent que l'engager à convoquer ses créanciers et à solliciter d'eux la nomination de commissaires chargés d'examiner sa position, de leur en faire rapport et de donner leur avis sur le parti qu'il convient de prendre dans l'intérêt général.

Pour peu que la faillite soit importante, cet examen demande plusieurs jours. Le rapport des commissaires est ordinairement suivi d'un projet d'arrangement, qui ne réunit d'abord que l'assentiment des créanciers présens, et qu'il faut ensuite présenter à la signature de tous les autres, formalité longue, en ce qu'il faut vaincre une à une les résistances des créanciers dissidens.

Le failli devrait-il, pour se conformer à la loi, renoncer à ces démarches ? Il n'y a pas de loi qu'il ne soit, dans ce cas, disposé à braver plutôt que de se résigner au malheur d'une faillite ; il n'y a pas de tribunal qui puisse le condamner pour avoir cherché à s'y soustraire.

D'ailleurs quel inconvénient peut-il en résulter pour la masse ? S'il est capable d'avoir soustrait une partie de son actif, il l'a fait certainement, car il serait trop tard de le faire lorsqu'il a fait connaître sa position à ses créanciers ; et s'il en est incapable, pourquoi priver la masse de ses créanciers des avantages d'un arrangement amiable en forçant le débiteur à se déclarer en faillite dans les quarante-huit heures de la cessation de ses paiemens? Si ce délai, fixé d'une manière si positive, est comminatoire, à quoi bon le mettre dans la loi? C'est en surchargeant les lois de dispositions d'une exécution difficile, qu'on habitue les citoyens à les enfreindre.

Le second paragraphe de l'article relatif aux faillites des sociétés, n'est pas plus complet que la disposition pareille de l'art. 440 : il ne parle ni de la société en commandite, ni de la société anonyme.

A l'égard de la première, il devrait exiger que la déclaration contînt l'énonciation du capital de la commandite, car il est possible que l'acte de société n'ait point été publié, et même, dans ce cas, si la société est ancienne, il peut être intéressant d'appeler l'attention des créanciers sur la question de savoir si le capital de la commandite est bien resté dans les affaires du failli.

A l'égard de la société anonyme, bien qu'il ne puisse y avoir de failli, puisque les gérans ne sont que mandataires, il est néanmoins possible que la société ne remplisse pas ses engagemens, et qu'il y ait nécessité de la déclarer en faillite. Il est indispensable de remplir cette lacune dans la loi nouvelle.

Si j'ai démontré clairement qu'il était impossible et inopportun de n'accorder que trois jours au failli pour faire connaître la cessation de ses paiemens, j'aurai démontré à plus forte raison que la disposition additionnelle de la loi nouvelle, qui exige que le failli dépose son bilan dans les trois jours, est inexécutable.

Je crois néanmoins qu'il est bon et utile d'exiger du failli que la déclaration de la cessation de ses paiemens soit accompagnée de son bilan, parce que c'est un moyen de le contraindre à se rendre un compte exact de ses affaires. Mais alors je demanderai qu'au lieu d'un délai de trois jours, il soit accordé au failli un délai de dix jours pour se confor-

mer à la double disposition de la déclaration de sa faillite
et du dépôt de son bilan.

440. Le bilan devra contenir l'énumération et l'évaluation de tous les
biens mobiliers et immobiliers du débiteur, l'état des dettes actives
et passives, le tableau des profits et pertes, le tableau des dépenses;
il devra être certifié véritable, daté et signé par le débiteur.

Cet article reproduit mot pour mot les dispositions de l'art.
471 du Code. Il devait trouver sa place ici, puisque la loi
nouvelle exige, dès le principe, le dépôt du bilan; tandis
que le Code supposait qu'il pouvait être dressé après la nomination de l'agent. Du reste les prescriptions de ce qu'il
doit contenir sont les mêmes, et nous croyons devoir
faire observer qu'au lieu de l'état des dettes actives et passives, il faudrait exiger l'état des débiteurs et des créanciers
avec indication de leur domicile et du montant de leurs dettes
ou créances. Cet état serait excessivement utile aux syndics pour opérer les recouvremens et convoquer les créanciers.

441. La faillite est déclarée par jugement du tribunal de commerce
rendu, soit sur la déclaration du failli au greffe, soit à la requête
d'un ou plusieurs créanciers, soit d'office.
Ce jugement sera exécutoire provisoirement. Il sera affiché et inséré
par extrait dans les journaux, suivant le mode établi par l'art. 683
du Code de procédure civile.
Dans le cas où l'affiche et l'insertion n'auraient point eu lieu, le tribunal de commerce pourra faire application de l'art. 509 ci-après.

Cet article correspond à l'art. 441 du Code; mais il en diffère essentiellement en ce qu'il distingue la déclaration de la
faillite de l'ouverture, dont la loi nouvelle s'occupera plus
tard, art. 443. Il ne fait dépendre la déclaration de la faillite
d'aucune circonstance. Non-seulement il autorise le tribunal
de commerce à la déclarer sur la requête d'un ou plusieurs
créanciers, ou d'office, mais il en fait une disposition impé-
rative. Nous croyons devoir sur ce point présenter les observations qui suivent.

D'abord, est-il juste d'admettre que la requête d'un ou plusieurs créanciers suffise pour faire déclarer un fait aussi important que celui de la faillite? Ce fait ne devrait-il pas être déclaré contradictoirement avec le débiteur, ou au moins lui dûment appelé ; et comme il peut l'être à un jour d'intervalle, y a-t-il une utilité réelle à admettre qu'un seul créancier, ou deux, peut-être, pourront, par suite de craintes chimériques, arracher au tribunal un jugement dont les conséquences sont si graves? Il y a peut-être moins de danger à admettre la déclaration d'office ; car on ne peut supposer que le tribunal prenne cette mesure, si ce n'est sur une notoriété bien acquise de la cessation des paiemens du débiteur. Cependant, même dans ce cas, comment supposer que le tribunal serait averti de ce fait, et que les créanciers ne le seraient pas ; et comment admettre que le tribunal prenne dans l'intérêt des créanciers une décision que ceux-ci ne jugent pas à propos de requérir? Il nous paraît donc inutile d'accorder au tribunal la faculté de prononcer la déclaration de faillite d'office, et il nous paraîtrait dangereux qu'elle fût prononcée sur la demande d'un ou plusieurs créanciers, si ce n'est sur une demande formulée par une assignation régulière.

Si cependant on croyait devoir maintenir cette disposition, il faudrait au moins laisser au tribunal la faculté de déclarer ou de ne point déclarer la faillite sur la requête des créanciers. L'article devrait alors être ainsi rédigé :

La faillite est déclarée. . . . . sur la déclaration du failli ; elle pourra l'être à la requête de plusieurs créanciers, etc.

Cette disposition est ainsi formulée dans la loi des Pays-Bas, art. 4 : *La faillite pourra également être déclarée sur la demande d'un ou plusieurs créanciers.*

Nous devons encore, dans l'intérêt de notre opinion, rappeler que, d'après les principes de notre législation, toute disposition judiciaire rendue sur requête est un acte du juge, et non un jugement; car il ne peut y avoir de jugement sans assignation : or, la loi voulant que la déclaration de faillite soit prononcée par un jugement, il faut qu'il y ait une demande formée contre le failli par assignation, à moins qu'il n'y ait une déclaration du failli.

Ce que nous venons de dire sur la déclaration de la faillite mérite d'autant plus l'attention des législateurs, que le paragraphe 2 de cet article accorde au jugement déclaratif de la faillite l'exécution provisoire, et par conséquent l'affiche et l'insertion dans les journaux. Cette exécution provisoire que ne peut arrêter l'opposition ni l'appel du failli, et qui livre son déshonneur à la publicité, alors même qu'il peut avoir les plus puissans moyens d'établir que la cessation de ses paiemens n'est que momentanée, vient encore corroborer ce que j'ai dit du danger d'accorder au tribunal la faculté de déclarer la faillite à l'insu du débiteur.

Je vois bien qu'on a voulu par ce moyen atteindre le commerçant de mauvaise foi qui serait dans le cas de disparaître avec la meilleure partie de son actif : mais remarquez bien que celui-ci aura disparu ou enlevé son actif avant la cessation de ses paiemens, et que la déclaration de faillite sur requête ou d'office ne saurait presque jamais l'atteindre. Il me semble donc dangereux d'accorder l'exécution provisoire, surtout en ce qui concerne l'affiche et l'insertion. Si l'exécution provisoire n'était accordée qu'à l'égard des mesures conservatoires, je la concevrais plutôt, même dans le cas où l'on comprendrait dans ces mesures l'apposition des scellés ou la nomination d'un gardien judiciaire qui veillerait à la conservation de l'actif, après un inventaire descriptif régulier.

Le failli ne pourrait pas rigoureusement se plaindre de cette mesure, puisqu'il y aurait donné lieu par la cessation de ses paiemens ; car je ne puis admettre, dans aucun cas, que le jugement déclaratif de faillite puisse être rendu sans la constatation du fait de la cessation des paiemens, résultante soit de la déclaration même du failli, soit d'une décision rendue avec lui, ou lui appelé.

Espérons donc que l'exécution provisoire sera restreinte aux seules mesures conservatoires.

Nous ajouterons une autre observation sur le mode de publicité pour lequel la loi nouvelle renvoie à l'article 683 du Code de procédure civile. Une loi récente, du 31 mars 1833, a fixé pour les actes de sociétés commerciales, un mode spécial de publicité ; il me semblerait utile que le même mode fût appliqué à tous les cas de publicité qui intéressent le commerce.

Enfin l'article 441 contient, dans un troisième paragraphe, une disposition pénale d'après laquelle, si la publicité voulue n'a point eu lieu, le tribunal pourrait, faisant l'application de l'article 509, prononcer la clôture de la faillite, et rendre à chaque créancier l'exercice de ses actions individuelles contre le débiteur. On ne conçoit guère que cette disposition de l'article 509, dont nous parlerons à son tour, puisse recevoir son application au commencement même de la faillite. Le failli peut être absent ; il peut ne pas avoir le moyen de faire les insertions ; et puisque la loi nouvelle, ainsi que nous le verrons plus tard, a voulu que le manque de fonds ne pût empêcher de suivre les opérations de la faillite, et a ordonné que le trésor ferait au besoin les avances nécessaires, il semblerait naturel de charger le greffier du soin de cette publicité ; car la publicité est une condition toujours désirable dans les affaires commerciales, surtout lorsqu'il s'agit de faire connaître une incapacité résultant de la déclaration de faillite dont il est si important que le commerce soit prévenu.

442. Le jugement de déclaration de faillite emporte de plein droit, à partir de sa date, ouverture de la faillite et dessaisissement pour le failli de l'administration de tous ses biens.

A partir de ce jugement, toute action civile antérieurement intentée contre la personne et les biens mobiliers du failli, ne pourra plus être suivie que contre les syndics. Toute action nouvelle ne pourra plus être intentée que contre les syndics.

443. S'il est reconnu que la cessation de paiemens est devenue notoire à une époque antérieure au jugement déclaratif de faillite, le tribunal pourra par le même jugement ou par jugement ultérieur, soit d'office, soit sur la poursuite de toute partie intéressée, reporter

' l'ouverture de la faillite à la date de la cessation notoire de paiemens.

Tout jugement relatif à la fixation d'ouverture de la faillite sera affiché
et publié, ainsi qu'il est dit en l'article 441.

Je réunis mes observations sur ces deux articles, parce
qu'il me semble qu'il y a lieu d'abord de signaler dans leur
rédaction une interversion d'idées. L'art. 442 contient une
disposition qui complète l'art. 441, et qui établit qu'il n'y a
lieu à distinguer la déclaration de faillite de son ouverture
que quand l'ouverture doit être reportée à une époque antérieure. Il me semble en conséquence qu'après avoir dit : *le
jugement de déclaration de faillite emporte de plein droit, à
partir de sa date, ouverture de la faillite*, il faudrait ajouter
l'art. 443 comme second paragraphe de l'art. 442 ; parce
qu'en effet il complète de suite le système admis par la loi
projetée comme par la loi actuelle, que l'ouverture de la faillite peut être reportée à une époque antérieure au jugement
déclaratif.

Ensuite, l'art. 443 se composerait de ce qui fait aujour-
d'hui une partie de l'art. 442, qui a pour but d'établir les
conséquences du jugement qui déclare la faillite.

Mais quand bien même on n'admettrait pas cet ordre de
disposition qui nous semble plus logique, il y a toujours lieu
de faire plusieurs remarques importantes.

D'abord, l'effet de la faillite est-il suffisamment déterminé
par le dessaisissement pour le failli de l'administration de tous
ses biens ? Il nous semble que dans l'esprit même de la loi
nouvelle, le dessaisissement de l'administration n'est pas la
seule conséquence de l'état de faillite; car nous verrons
qu'elle frappe de nullité les engagemens souscrits par le failli
en faveur de quelques créanciers particuliers. Enfin nous verrons que l'état d'union résulte de plein droit de ce qu'il n'y a
pas de concordat, et que le failli se trouve dépossédé de fait,
sans qu'aucun jugement ultérieur ordonne cette dépossés-
sion.

La dépossession résulte donc virtuellement du seul jugement déclaratif de la faillite.

Un autre effet important de la faillite est de créer l'existence d'un être moral, la masse des créanciers, qui se trouve saisie de plein droit de tout l'avoir du failli présent et futur, en telle sorte que si, postérieurement à l'ouverture de la faillite, il arrive que le débiteur soit appelé à recueillir une succession, c'est à la masse qu'elle profite. S'il arrive que par un événement postérieur le débiteur devienne créancier de l'un de ceux dont il était débiteur au moment de sa déclaration, il n'y a pas lieu à compensation : parce que c'est la masse qui devient créancière envers l'un de ses membres, et celui-ci doit acquitter la somme entière dont il est devenu débiteur, en se contentant de reprendre dans la masse le dividende afférent à sa créance primitive.

Tel est du moins l'état de la jurisprudence; je conviendrai que ces décisions reposent plutôt sur la coutume que sur la loi écrite; car le Code, comme la loi projetée, n'enlevait au failli que l'administration. Mais les conséquences que nous venons d'énoncer ont été déduites de ces principes, et comme ces points de jurisprudence sont aujourd'hui généralement établis, il est à désirer que la loi nouvelle accueille et consacre ces principes par des dispositions spéciales.

La loi sur les faillites, adoptée en Belgique, a cru devoir insérer textuellement qu'à compter du jour du jugement qui déclare la faillite, le failli est ressaisi de la disposition de l'administration de ses biens; alors, s'il est dessaisi de l'administration et de la disposition, il est certain qu'il se trouve dans un véritable état d'interdiction. Dans son intérêt même, il serait mieux que la loi le prononçât d'une manière précise, pour frapper d'avance de nullité tous les engagemens qu'on pourrait lui faire contracter; car il est alors dans une situation où il dépend de beaucoup de personnes qui peuvent exercer sur lui une véritable violence morale, pour lui faire souscrire des engagemens onéreux.

Lors de la présentation du Code de Commerce, il avait été

proposé d'ajouter, au dessaisissement de l'administration, le dessaisissement provisoire de la possession.

On a trouvé que cette disposition portait atteinte au droit de propriété ; mais qu'est-ce que la propriété sans l'administration et sans la faculté de disposer? Or, assurément, il n'entrait pas plus dans l'esprit du Code, que dans celui de la loi projetée, de permettre au failli de disposer des biens qu'il ne pouvait pas administrer. Il valait donc mieux le dire que de laisser à la jurisprudence le soin de le décider par induction ; il me semble qu'il y aurait avantage pour tous, même pour le failli, d'adopter une rédaction qui exprimerait clairement les conséquences de la faillite; ne pourrait-on pas dire :

Le jugement déclaratif de la faillite emporte de plein droit, à partir de l'ouverture, dessaisissement provisoire pour le failli, de la possession de ses biens présens et futurs, au profit de la masse de ses créanciers. Ils seront administrés par les syndics nommés par le tribunal, sauf les droits réservés au failli par les dispositions ci-après, et sauf les droits des créanciers privilégiés.

Ce dessaisissement n'est que provisoire; il cesserait par le concordat, et ne deviendrait définitif que par le contrat d'union; il ne nuirait pas au failli, dont les droits seraient maintenus par les dispositions spéciales que nous verrons plus tard, et qui lui réserveraient les moyens d'empêcher les syndics d'abuser de leur position pour dilapider son actif.

Cette disposition, ainsi formulée, aurait pour avantage de bien préciser tous les effets de la déclaration de faillite.

La faculté réservée au tribunal de reporter l'ouverture de la faillite à la date de la cessation notoire des paiemens existait dans l'article 441 du Code; mais cette époque était déterminée par différentes circonstances qui pouvaient être fort insignifiantes en elles-mêmes, qui d'ailleurs ne devaient être prises en considération qu'autant qu'elles étaient accompagnées de la cessation des paiemens du débiteur. La rédaction actuelle est plus simple, en ce qu'elle ne considère que ce seul fait comme devant constater l'ouverture de la faillite ; et, de plus , elle exige que la cessation soit notoire. Mais comme , par la loi projetée ainsi que d'après le Code , toute latitude est laissée au tribunal pour fixer cette époque par un jugement ultérieur et que cette fixation tardive est la source des abus les plus graves, il nous semble qu'il faudrait fixer un délai, passé lequel tout changement d'époque d'ouverture serait impossible.

La loi nouvelle n'améliore la législation actuelle qu'en prohibant le changement de date de l'ouverture postérieurement au concordat : ce n'est pas suffisant.

La loi belge prohibe de reporter l'ouverture au-delà de quarante jours avant le jugement déclaratif.

Il nous semble si important de fixer cette époque qui peut modifier singulièrement la position du failli en validant ou en invalidant les actes faits postérieurement à l'ouverture ou dans les dix jours qui l'ont précédée, que nous croyons que la chose la plus importante après la déclaration de la faillite , c'est de déterminer l'époque de son ouverture; et nous croyons que le tribunal peut, dans un délai de quinzaine au plus, et sur un débat contradictoire entre toutes les parties intéressées , fixer cette ouverture par un jugement qui recevrait ensuite la même publicité que le jugement déclaratif de faillite.

Dans aucun cas il n'est possible d'admettre que le tribunal puisse prononcer d'office sur une question qui soulève tant d'intérêts.

444. Tous actes ou paiemens qui auraient été faits par le débiteur dans l'intervalle qui se serait écoulé entre l'ouverture de la faillite et le jugement qui l'a déclarée sont présumés frauduleux, et ils ne peuvent être déclarés valables que s'ils ont eu lieu de bonne foi, dans l'ignorance, de la part de ceux qui ont traité avec le failli, du mauvais état de ses affaires; le tout sans préjudice de l'annulation des actes ou paiemens qui auraient été faits, à quelque époque que ce soit, en fraude des droits des créanciers.

445. Tous actes translatifs de propriétés immobilières faits à titre gratuit par le débiteur, à partir de l'ouverture de la faillite ou dans les dix jours qui la précèdent, sont nuls et sans effet relativement à la masse des créanciers.

446. Nul ne peut, durant le même intervalle, acquérir pour des dettes antérieurement contractées, privilége ni hypothèque sur les biens du failli.

Les hypothèques et les priviléges attachés aux actes dont il est parlé en l'article 444, suivent le sort de ces actes.

447. Toutes sommes payées depuis l'ouverture de la faillite ou dans les dix jours qui la précèdent, pour dettes non échues, sont rapportées.

Nous réunissons nos observations sur ces quatre articles, parce qu'ils forment à eux quatre un système complet des causes et des circonstances qui entraînent l'annulation des actes faits au détriment de la masse des créanciers du failli. Ces articles sont destinés à remplacer les articles 443, 444, 445, 446, 447, du Code de commerce. Leurs dispositions sont beaucoup plus sévères : ainsi, par exemple, dans le Code la présomption de fraude n'atteignait jamais que le failli. Cette présomption de fraude, résultant de l'article 444, qui entache de nullité tous les actes faits entre l'ouverture de la faillite et le jugement qui l'a déclarée, à moins qu'on ne prouve qu'ils ont eu lieu de bonne foi de la part de ceux qui ont traité avec le failli, et *dans l'ignorance où ils étaient du mauvais état de ses affaires*, devra rendre très-circonspects ceux qui seraient dans le cas de traiter avec un négociant qui leur paraîtrait embarrassé ; elle peut même avoir pour effet de précipiter la chute du commerçant en l'empêchant de traiter à sacrifice d'une partie de marchandises dont le produit cependant suffirait pour le mettre en état de faire face à ses paiemens. Il y a beaucoup de vague dans les expressions : *le mauvais état de ses affaires*. Nous avons vu que l'ouverture de la faillite ne pourrait être reportée à une époque antérieure au jugement déclaratif, qu'autant qu'il y aurait eu *cessation notoire de paiemens* : ne serait-ce pas le cas d'employer les mêmes expressions et de mettre que les actes faits entre l'ouverture de la faillite et le jugement qui l'a déclarée ne peuvent être déclarés valables que s'ils ont eu lieu de bonne foi, dans l'ignorance, de la part de ceux qui ont traité avec le failli, de la *cessation notoire de ses paiemens?*

L'article 445 annule tous actes translatifs de propriétés immobilières faits à titre gratuit. Il contient à peu près les mêmes dispositions que l'art. 444 du Code, mais il y a lieu de s'étonner que la nullité des actes translatifs de propriétés à titre gratuit soit limitée aux propriétés *immobilières*. Il me semble qu'il y aurait également justice d'annuler de pareils actes translatifs de propriétés *mobilières*, ce qui peut arriver bien plus communément, puisque généralement les commerçans possèdent plutôt des valeurs mobilières que des valeurs immobilières. Il est difficile de croire qu'un failli ignore tellement sa position dix jours avant de cesser ses paiemens, qu'il puisse disposer valablement, à titre gratuit, d'une partie de son actif mobilier; et, même en supposant le cas fort rare, où la catastrophe du failli étant tout-à-fait imprévue, la translation de propriété, à titre gratuit, serait faite de bonne foi, on ne doit pas hésiter de l'annuler. Le donataire aurait mauvaise grace de se plaindre de l'annulation d'un don qui porterait préjudice aux créanciers de son donateur. On sent d'ailleurs que cette disposition ne peut atteindre que les aliénations assez importantes pour qu'on puisse les prouver, et ne pourrait s'étendre à une donation rémunératoire qui ne peut être considérée comme faite à titre vraiment gratuit.

L'art. 446 annule tout privilége ou hypothèque consentis sur les biens du failli, depuis l'ouverture de la faillite et dans les dix jours qui l'ont précédée, pour des dettes antérieurement contractées; mais si les dettes sont échues, puisque d'après l'article suivant, le paiement en serait valable, à plus forte raison le privilége ou l'hypothèque, qui n'est qu'une garantie souvent éventuelle, devrait-il être validé ! On devrait donc après les mots : *antérieurement contractées*, ajouter ceux-ci : *et non échues*.

Le second paragraphe de l'article 446, détruit l'effet du premier paragraphe du même article; car il en résulte que, si les actes ou paiemens faits par le débiteur, entre l'ouverture de la faillite et le jugement qui la déclare, sont déclarés valables, ces priviléges ou hypothèques auront leur effet. Cette disposition était inutile comme complément de l'art. 444, si le législateur n'avait en vue que le cas où les actes sont annulés; car, dans ce cas, les priviléges et hypothèques sont nuls également; et si la loi nouvelle veut que les actes déclarés valables, dans le cas prévu par l'art. 444, valident les hypothèques qui en sont résultées, il est évident que le 2ᵐᵉ paragraphe détruit l'effet du premier. Il serait donc mieux de le supprimer. L'art. 447 dit :

« Toutes sommes payées depuis l'ouverture de la faillite, » ou dans les dix jours qui la précèdent, pour dettes non » échues, sont rapportées. » Ne faudrait-il pas ajouter : *à la masse ?*

448. L'ouverture de la faillite rend exigibles, à l'égard du failli seulement, les dettes passives non échues.

Cet article correspond à l'article du Code portant aussi le r.° 448 ; il en diffère essentiellement en ce que l'article du Code ajoutait :

« A l'égard des effets de commerce par lesquels le failli se » trouvera être l'un des obligés, les autres obligés ne seront » tenus que de donner caution pour le paiement à l'échéance, » s'ils n'aiment mieux payer immédiatement. »

Cet article a donné lieu à de nombreux procès. On en avait poussé l'application jusqu'à prétendre que quand un endosseur tombait en faillite, le souscripteur pouvait être tenu de donner caution ; c'était l'application rigoureuse du texte de l'article, mais assurément ce n'était pas dans l'esprit de la loi, et généralement on n'exigeait la caution des endosseurs qu'en cas de faillite du souscripteur. La suppression de cette disposition écartera ces demandes qui se renouvelaient à l'infini par le recours des endosseurs les uns envers les autres. La faillite, d'ailleurs, est dans les chances du commerce : c'est à celui qui accepte un billet en paiement ou qui en escompte le montant, à prendre ses informations sur la solvabilité des souscripteurs ou endosseurs. On ne peut donc qu'applaudir à ce changement de législation.

449. Toutes voies d'exécution pour parvenir au paiement des créances privilégiées sur le mobilier dépendant de la faillite, autres que les frais de justice faits dans l'intérêt de la masse, seront suspendues

2

jusqu'à l'expiration de la huitaine qui suivra la nomination des syndics provisoires.

Cette disposition est nouvelle ; le résultat est favorable à la masse des créanciers, et par conséquent au failli. On devrait l'étendre, à ce qu'il me semble, à toutes les voies d'exécution, même pour les frais faits dans l'intérêt de la masse. D'abord nous verrons que le trésor fera l'avance des frais nécessaires à la faillite ; il ne peut avoir intérêt à rentrer dans ses déboursés huit jours plus tôt ou plus tard : il ne pourrait d'ailleurs exercer ses droits qu'après ceux du propriétaire, tant pour le loyer que pour les contributions ; les droits du propriétaire étant suspendus, il y a lieu, à plus forte raison, de suspendre l'exercice de droits qui ne peuvent être exercés qu'après les siens.

CHAPITRE II.

DE LA NOMINATION DU JUGE-COMMISSAIRE.

450. Par le jugement qui déclarera la faillite, le tribunal de commerce désignera l'un de ses membres pour en être juge-commissaire.

451. Le juge-commissaire sera chargé spécialement d'accélérer la confection de l'état de situation active et passive de la faillite, la convocation des créanciers, et de surveiller la gestion de la faillite pendant l'administration des syndics provisoires ou définitifs.

Il fera au tribunal de commerce le rapport de toutes les contestations que la faillite pourra faire naître et qui seront de la compétence de ce tribunal.

452. Les recours contre les ordonnances du juge-commissaire seront portés devant le tribunal de commerce.

453. Le tribunal de commerce pourra, à toutes les époques, remplacer le juge-commissaire de la faillite par un autre de ses membres.

Nous devons d'abord signaler une innovation importante résultant de la loi nouvelle ; c'est la suppression des agens provisoires. Les fonctions de ces administrateurs se bornaient généralement à l'apposition des scellés, qui peut très-bien se faire sans eux, si le jugement déclaratif de faillite nomme les syndics.

Les fonctions du juge-commissaire sont, dans la loi nouvelle, les mêmes que dans l'ancienne; les dispositions des articles 452 et 453 n'existaient pas dans le code; mais elles existaient de fait, et par conséquent il était à peu près inutile de consacrer un droit déjà adopté par l'usage. On y trouvera peut-être cependant une garantie de plus contre la partialité du juge commissaire, et les créanciers, comme le failli, seront avertis que dans les cas bien rares où le juge-commissaire abuserait de son autorité, ils trouveront dans le tribunal un appui contre les mesures qu'il aurait prises arbitrairement.

CHAPITRE III.

DE L'APPOSITION DES SCELLÉS ET DES PREMIÈRES DISPOSITIONS A L'ÉGARD DE LA PERSONNE DU FAILLI.

454. Par le jugement qui déclare la faillite, le tribunal ordonnera l'apposition des scellés et le dépôt de la personne du failli dans la maison d'arrêt pour dettes, ou la garde de sa personne par un officier de police ou de justice, ou par un gendarme.

Il ne pourra en cet état être reçu contre le failli, d'écrou ou recommandation pour aucune espèce de dettes.

La première disposition de cet article relative à l'apposition des scellés correspond à l'article 449, mais la rédaction en est différente.

L'article 449 du Code est ainsi conçu :

« Dès que le tribunal de commerce aura connaissance de la faillite, soit par la déclaration du failli, soit par la requête de quelque créancier, soit par la notoriété publique, il ordonnera l'apposition des scellés : expédition du jugement sera sur-le-champ adressée au juge de paix. »

On voit que dans l'esprit du Code, le tribunal de commerce pouvait faire apposer les scellés avant de déclarer la faillite.

. Aujourd'hui il faut que la faillite soit déclarée. Il n'y a que le juge de paix qui puisse, comme nous le verrons plus bas, dans le cas de disparition ou de détournement d'effets, apposer les scellés même avant le jugement déclaratif de faillite, soit d'office, soit à la réquisition des parties intéressées.

Le reste de la disposition de l'article 454 est entièrement conforme à l'article 455 du Code de commerce.

Mais cette disposition est modifiée dans la loi nouvelle par l'article 455.

> 455. Dans le cas où le jugement déclaratif de faillite aura été rendu sur la déclaration faite par le failli au greffe, avec dépôt de son bilan, et lorsque le failli ne sera point, au moment de la déclaration, incarcéré pour dette ou pour toute autre cause, le tribunal pourra affranchir le failli du dépôt ou de la garde de sa personne.
>
> La disposition du jugement qui affranchirait le failli du dépôt ou de la garde de sa personne, pourra toujours, suivant les circonstances, être ultérieurement rapportée par le tribunal de commerce, même d'office.

L'affranchissement de l'emprisonnement ou de la garde du failli en faveur de celui qui déclare spontanément sa position, et dépose son bilan, est une disposition nouvelle heureusement introduite ; mais, quand le jugement déclaratif de faillite sera rendu sur requête d'un ou de plusieurs créanciers ou d'office, le tribunal ne pourra se dispenser d'ordonner la mise en dépôt de la personne du failli.

Nous ne répéterons pas ce que nous avons dit sur les inconvéniens qui peuvent résulter de la déclaration de la faillite sur requête ou d'office, et sans appeler le débiteur ; mais en supposant que cette disposition soit maintenue, nous espérons qu'elle recevra rarement son application, et nous pensons aussi que le tribunal usera souvent de la faculté qui lui est accordée de laisser le failli libre pour qu'il puisse seconder l'administration des syndics de la masse.

Il importe beaucoup aux intérêts de la masse que le failli ne soit point éloigné de son domicile, et cette nécessité est si généralement reconnue que quand le débiteur se trouve en prison, la première mesure des syndics est ordinairement de le faire mettre en liberté; et, s'il est libre, de lui faire donner un sauf-conduit. Mais pour garantir au failli que sa liberté ne lui sera pas ravie sur une dénonciation calomnieuse; il conviendrait d'ajouter à l'article 455, deuxième paragraphe : *le juge-commissaire de la faillite entendu.* Il est très-probable qu'il en sera toujours ainsi; mais il serait bien de consacrer cette garantie par une disposition positive.

456. Le greffier du tribunal de commerce adressera sur-le-champ au juge de paix avis de la disposition du jugement qui aura ordonné l'apposition des scellés.

Le juge de paix pourra aussi apposer les scellés, soit d'office, soit sur la réquisition d'un ou plusieurs créanciers, mais seulement dans le cas de disparition du débiteur ou de détournement de tout ou partie de son actif.

Cet article correspond à l'article 449 du Code; il en diffère seulement en ce qu'il n'est plus nécessaire d'adresser au juge de paix l'expédition du jugement du tribunal de commerce, mais une simple lettre, ce qui abrège beaucoup les délais et économise les frais.

La seconde disposition se rapporte à l'article 450 : elle ne permet au juge de paix d'agir provisoirement que dans deux cas seulement, la disparition du débiteur et le détournement de son actif. Je crois qu'il faudrait y ajouter la circonstance de la cessation des paiemens; car sans ce fait les deux autres peuvent être fort innocens en eux-mêmes, et l'apposition des scellés deviendrait alors une mesure dangereuse.

Ainsi, un négociant peut partir en voyage précipitamment pour opérer des recouvremens ou solliciter des secours de sa famille; il peut réaliser au comptant une partie de son actif, afin d'être en état de payer. Il y aurait injustice à lui faire un crime des mesures qu'il aurait prises pour éviter le malheur de cesser ses paiemens. Il faut donc, pour que l'apposition des scellés soit permise au juge de paix, ajouter aux conditions énoncées en l'article la cessation de paiemens constatée par protêts.

Mais dès que ce fait a lieu, c'est aux créanciers non payés à veiller à leurs droits, et à requérir l'intervention du juge de paix. Pourquoi donc lui accorder la faculté d'agir d'office ! Pourquoi serait-il plus attentif aux intérêts des créanciers que les créanciers eux-mêmes ? Si ceux-ci ont agi légèrement, le débiteur saura du moins à qui s'adresser pour obtenir des dommages-intérêts, car à coup sûr, il sera fondé à en réclamer s'il prouve que l'apposition des scellés était intempestive à son égard.

La nécessité d'empêcher que le juge de paix ne puisse, même en agissant à la requête des créanciers, porter inutilement préjudice à l'établissement d'un commerçant, demanderait que le mot *réquisition* fût remplacé par le mot *demande* : car le mot demande les forcerait à assigner leur débiteur, et n'exposerait pas le juge de paix à agir inconsidérément.

On objectera que le débiteur, averti par l'assignation, achèvera de détourner son actif; mais nous avons déjà répondu à cette objection dans nos observations sur les articles précédens confirmées par l'expérience, c'est que le débiteur qui veut détourner son actif le fait toujours avant la cessation de ses paiemens : rien n'empêchera d'ailleurs les créanciers de placer des témoins pour constater le détournement des marchandises ou du mobilier.

457. Les scellés seront apposés sur les magasins, comptoirs, caisses, portefeuilles, livres, registres, papiers, meubles et effets du failli.

458. En cas de faillite d'une société en nom collectif, les scellés seront apposés non-seulement dans le siége principal de la société, mais encore dans le domicile séparé de chacun des associés solidaires.

459. Dans tous les cas, le juge de paix donnera, sans délai, avis de l'apposition des scellés.

Ces trois articles correspondent aux articles 451, 452, 453 du Code. Le premier est textuellement le même, dans le second, le fond de la disposition est le même, mais la rédaction nouvelle est meilleure. Néanmoins, dans l'un comme dans l'autre, on a oublié d'ordonner l'apposition des scellés dans tous les établissemens de la société, ce qui pourtant est indispensable et devrait être ajouté.

Enfin, le 3me article diffère de son corrélatif, en ce que précédemment le greffier devait envoyer au Tribunal expédition de son procès-verbal, et qu'aujourd'hui il suffira d'un simple avis; économie de temps et de frais dispendieux et inutiles.

> 460. Le président du tribunal de commerce donnera immédiatement au procureur du roi du ressort avis des jugemens déclaratifs de faillite, avec mention des principales indications et dispositions qu'ils contiennent.

Cette obligation imposée au président, est la même que celle que devaient remplir, d'après le Code, les agens, syndics provisoires et définitifs dans la huitaine de leur entrée en fonctions. Aux termes de l'article 448, ceux-ci devaient de plus y joindre un compte sommaire de l'état de la faillite.

C'est ce que le président du tribunal ne pourrait faire, puisqu'au moment où le tribunal de commerce déclare l'ouverture de la faillite, il peut ignorer complétement sa cause et ses conséquences. Aussi la loi ne lui prescrit d'instruire le ministère public que des principales indications et dispositions contenues dans le jugement, notamment en ce qui concerne la liberté du failli pour qu'il puisse exécuter, s'il le juge convenable, les prescriptions de l'article suivant.

Cette disposition est du nombre de celles qui paraissent utiles en théorie, et qui dans la pratique sont sans résultat. Car le président chargera le greffier de préparer cet avis auquel il ne fera qu'apposer sa signature.

Aucune peine ne peut l'atteindre s'il néglige de donner cet avis : il serait mieux d'en charger le greffier.

461. Les dispositions qui ordonneront le dépôt de la personne du failli dans une maison d'arrêt pour dettes, ou la garde de sa personne, seront exécutées à la diligence, soit du ministère public, soit des syndics de la faillite.

Cette disposition n'existe pas positivement dans le Code. L'article 449 dit bien : Le magistrat de sûreté pourra, s'il le juge convenable, se transporter au domicile du failli ou des faillis, assister à la rédaction du bilan, de l'inventaire et des autres actes de la faillite, se faire donner tous les renseignemens qui en résulteront, et faire en conséquence les actes ou poursuites nécessaires, le tout d'office et sans frais.

Mais, dans le système du Code, il y avait une intervention positive du ministère public, et ses mesures étaient justifiées par la connaissance qu'il avait acquise des affaires de la faillite. D'après la loi nouvelle, il ne peut connaître assez l'état de la faillite pour prendre sur lui de mettre à exécution la mesure rigoureuse de l'arrestation provisoire. Les syndics seuls savent jusqu'à quel point la présence du failli leur est nécessaire, et jusqu'à quel point il importe de s'assurer de sa personne. Le ministère public ne devrait donc agir que sur la réquisition des syndics, et dans les cas surtout où les syndics ne voudraient pas faire faire l'arrestation à leurs frais.

Il résulte toutefois de cette disposition, que la loi nouvelle ne considère pas le failli comme en état de prévention de faute grave ou de fraude ; car dans ces deux cas il y aurait prévention de délit ou de crime, et le procureur du roi pourrait agir en vertu d'un mandat d'amener quand bien même le jugement déclaratif de faillite n'aurait pas ordonné l'arrestation du failli. Il ne s'agit donc ici que d'assurer l'exécution d'un jugement, et les syndics sont les seuls qui puissent apprécier l'opportunité de cette exécution.

On pourrait modifier ainsi l'article 451 :

Les dispositions..........; seront exécutées, soit à la diligence des syndics de la faillite, soit à la diligence du ministère public, sur la réquisition des syndics.

462. Lorsque les deniers appartenant à la faillite ne pourront suffire immédiatement aux frais du jugement de déclaration de la faillite, d'apposition des scellés, d'arrestation et d'incarcération du failli, l'avance de ces frais sera faite par le trésor public, qui en sera remboursé par privilége sur les premiers recouvremens.

Cette disposition est toute nouvelle ; elle a pour but d'obvier aux inconvéniens qui se rencontrent dans une foule de faillites présentant peu d'actif, et qui par suite restent en suspens, faute par les agens ou syndics provisoires de faire les avances nécessaires ; mais elle donnera peut-être lieu à un peu plus de frais, puisque le recouvrement de ces frais sera certain.

Néanmoins il est pénible de penser que des faillites ne se terminent pas par suite de la pénurie du débiteur qui se trouve ainsi trop long-temps dans les liens d'une incapacité dont il ne peut sortir.

Il faut que justice lui soit rendue aux frais du trésor, quand même celui-ci ne devrait jamais rentrer dans ses avances. On ne peut donc qu'applaudir à la disposition de cet article. Malheureusement elle est modifiée par l'article 509, ainsi que nous le verrons plus tard, d'une manière qui nous paraît contraire à l'humanité.

CHAPITRE IV.

DE LA NOMINATION DES SYNDICS PROVISOIRES.

463. Immédiatement après la déclaration de faillite, le juge commissaire présentera au tribunal de commerce l'état des créanciers présumés dont l'existence lui aura été révélée, soit par le failli, soit par le bilan par lui déposé, soit par la notoriété publique.

Sur cet état, le tribunal de commerce nommera deux ou trois syndics provisoires, suivant l'importance de la faillite.

Cet article apporte des changemens à la législation actuelle.

D'abord, il supprime la candidature au syndicat, qui résultait du vote des créanciers. La seule objection plausible qu'on ait faite contre cette candidature, c'est qu'elle était souvent le résultat de l'intrigue; mais cela n'avait lieu que parce que les créanciers s'abstenaient de se rendre à la convocation; ceux qui ne veillent pas eux-mêmes à leurs intérêts quand ils sont appelés à le faire, ont mauvaise grâce à se plaindre d'une élection que leur vote aurait rendue meilleure. Peut-être, d'ailleurs, cette incurie aurait-elle cessé si, au lieu d'accorder aux créanciers seulement le droit d'indiquer des candidats, la loi leur eût attribué le choix direct de leurs mandataires. La surveillance du juge-commissaire était une garantie suffisante que les syndics nommés par les créanciers n'auraient pas plus abusé de leur mandat que ceux choisis par le tribunal. Il est vrai que les fonctions de syndic sont généralement repoussées par ceux qui en sentent l'important et la responsabilité, et recherchées par ceux qui ne voient dans leur nomination que le moyen d'obtenir du failli des avantages particuliers. Ce même inconvénient existera encore par le système de la loi projetée; car ceux qui recherchent les fonctions de syndic, ne manqueront pas de faire des démarches auprès du juge-commissaire pour qu'il dirige sur eux le choix du tribunal.

Il y aurait peut-être un moyen d'éviter cet inconvénient, ce serait de considérer ces fonctions comme obligatoires, sauf les cas d'excuse sur lesquels le tribunal lui-même pourrait prononcer; dans ce cas, pour ne pas rendre ces fonctions trop onéreuses pour ceux qui ne peuvent sacrifier aux intérêts publics qu'une partie de leur temps, on pourrait permettre aux syndics de s'adjoindre, sous l'agrément du juge-commissaire un agent salarié qui, sous leur surveillance et responsabilité, donnerait tous ses soins aux intérêts de la masse des créanciers.

En attribuant au tribunal seul la nomination des syndics, on l'expose à de nombreux refus qui donneront lieu à de nouvelles présentations par le juge-commissaire et qui retarderont nécessairement la constitution du syndicat.

Il est cependant important que les syndics entrent en fonctions presque aussitôt que la faillite est déclarée, surtout puisque les agens provisoires sont supprimés, et que dans le système de la loi projetée, les syndics provisoires doivent remplir les fonctions qui étaient attribuées par le Code aux agens.

Si la loi n'a eu d'autre but que d'arriver promptement à la nomination des syndics, on ne voit pas pourquoi le jugement déclaratif de faillite ne les nommerait pas lorsqu'il est rendu, surtout après le dépôt du bilan du failli, et si le bilan contient, comme nous l'avons demandé, l'état des débiteurs et des créanciers.

Dans ce cas la nomination des syndics serait soustraite à l'influence du juge-commissaire; mais est-il bien nécessaire que cette influence existe puisque le juge-commissaire est appelé à contrôler et à surveiller les opérations des syndics ? d'ailleurs, il est probable que le juge-commissaire fera toujours partie du tribunal ou de la section du tribunal qui sera appelée à prononcer le jugement déclaratif de faillite; il lui sera donc facile de donner son avis sur le choix des syndics et par ce moyen du moins, le tribunal et le juge-commissaire lui-même seront à l'abri de toutes sollicitations; autrement, la disposition nouvelle, loin d'éloigner du syndicat ceux qui recherchent ces fonctions, leur laissera le champ beaucoup plus libre pour obtenir leur nomination. En résumé, il serait préférable de laisser aux créanciers le choix de leurs mandataires, directement et sans candidature; et d'obliger les négocians à faire tour à tour le sacrifice de leurs intérêts privés à l'intérêt général, en consacrant une partie de leur temps à des fonctions pénibles et difficiles à remplir et desquelles dépend l'intérêt de la masse des créanciers.

Un autre changement important résulte de l'art. 463, c'est que le choix des syndics se trouve, par la loi nouvelle, ne pouvoir se faire que parmi les créanciers. Si cette disposition est maintenue, il sera nécessaire d'ajouter que les syndics pourront se faire aider par un agent salarié, avec l'agrément du juge-commissaire. Dans les faillites importantes, il est

impossible d'exiger que les syndics négligent leurs propres
affaires pour l'expédition de celles de la masse; dans les faillites où il y a des immeubles à administrer, des usines à exploiter, des sociétés à liquider, etc. , etc. , l'adjonction d'un
agent salarié sera beaucoup plus utile que celle d'un troisième
syndic. On peut même prévoir des circonstances où l'administration de la faillite exigera l'adjonction de plusieurs agens ;
mais, dans ce système, ces agens, choisis par les syndics ,
recevront d'eux la direction à donner aux affaires de la faillite,
tandis que dans l'état actuel, le syndic salarié s'empare généralement de la direction de toutes les affaires et les syndics
créanciers se bornent à donner leur signature, lorsqu'elle est
nécessaire au syndic salarié. Il est bon de faire cesser cet inconvénient , mais ce serait pousser le remède trop loin que
de vouloir priver l'administration des faillites de l'intervention
de tout agent salarié.

Nous signalerons enfin un troisième changement dans cette
partie de la loi : c'est qu'il ne pourra y avoir moins de deux
syndics, et cependant dans les affaires peu importantes,
un seul syndic a toujours paru suffisant pour l'expédition des
affaires ; la présence du juge-commissaire offre une garantie
suffisante contre les abus qu'un seul syndic pourrait com-
mettre dans l'exercice de ses fonctions.

464. Aucun parent ou allié du failli , jusqu'au quatrième degré inclusivement , ne pourra être nommé syndic provisoire.

Cet article énonce une exclusion qui n'existait pas jusqu'ici
parce que les syndics étaient présentés par les créanciers , et
que personne ne pouvait mieux juger qu'eux de la confiance
que méritaient leurs candidats; mais aujourd'hui que la nomination appartient au tribunal seul, cette exclusion est toute
naturelle, quoique peut-être dans l'application, et surtout en
province , elle pourra rendre très-difficile le choix des
syndics.

465. Lorsqu'il y aura lieu de procéder au remplacement d'un ou

plusieurs syndics provisoires , il en sera référé par le juge-commissaire au tribunal de commerce , qui nommera sur l'état des
créanciers présumés.

Cet article , qui n'existait pas dans le Code, où l'on sup -
pose l'acceptation de la candidature par celui qui consent a
être porté sur la liste triple présentée par les créanciers , de-
venait nécessaire dans le nouveau système où le choix du
tribunal de commerce pourra souvent être refusé ; et l'on
conçoit que s'il y a lieu seulement à une nouvelle nomination,
on n'arrivera pas à la nomination des syndics provisoires par
le nouveau système plus tôt qu'on n'y parviendrait au moyen
d'une candidature présentée par les créanciers et beaucoup
plus tard qu'on n'y parviendrait par une élection directe.

C'est une grande raison en faveur de la nomination directe
ou au moins de la candidature telle qu'elle existe actuellement,
car je ne vois réellement que la nécessité d'aller plus vite qui
ait pu déterminer à y renoncer.

CHAPITRE V.

DES FONCTIONS DES SYNDICS PROVISOIRES.

SECTION PREMIÈRE.

Dispositions générales.

466. Si, après la nomination des syndics provisoires , l'apposition
des scellés n'avait point eu lieu, les syndics requerront le juge de
paix d'y procéder.

Cet article est calqué sur l'art. 462 qui chargeait les agens
de cette fonction.

Mais on n'a pas réfléchi que cette disposition devient inutile dans le nouveau système.

Dans l'ancien, l'agent ou les agens étaient nommés par le
même jugement qui ordonnait l'apposition des scellés; il y

avait lieu de leur recommander de surveiller cette mesure conservatoire préliminaire ; et , sauf les objets que les agens étaient autorisés à retirer des scellés, le reste devait rester sous les scellés jusqu'à la nomination des syndics provisoires qui, seuls, étaient autorisés à les faire lever et à procéder à l'inventaire.

D'après les prescriptions des art. 454 et suivans, les scellés pourront être apposés le lendemain du jour du jugement déclaratif de la faillite, ainsi il est probable que cet article ne recevra pas d'application. D'ailleurs, si la mesure n'a pas été prise, elle peut être remplacée plus utilement par un inventaire descriptif fait par les syndics en présence du juge-commissaire et le failli dûment appelé.

En adoptant cette mesure on rendra les juges de paix plus exacts à l'apposition des scellés, qu'ils retardent quelquefois d'un jour ou deux, parce qu'ils pourront craindre qu'on se passe de l'apposition des scellés en la remplaçant par un inventaire.

467. Le juge-commissaire pourra, sur la demande des syndics, dispenser de placer sous les scellés, ou en faire extraire, les objets sujets à dépérissement prochain ou nécessaires à l'exploitation du fonds de commerce, lorsque cette exploitation ne pourra être interrompue sans préjudice pour les créanciers.

En ce cas, les objets laissés libres seront de suite inventoriés et prisés par le juge de paix en présence des syndics.

La vente des objets sujets à dépérissement, et l'exploitation du fonds de commerce, auront lieu à la diligence des syndics sur l'autorisation du juge-commissaire.

Ces dispositions sont à peu près contenues dans les articles 463 et suivans du Code de commerce. Signalons néanmoins quelques différences.

Il n'était pas question, d'après le Code, de dispenser de l'apposition des scellés les marchandises nécessaires à l'exploitation ; d'où résultait forcément l'interruption du commerce. C'était porter un grand préjudice à la masse, parce que cette mesure anéantissait la valeur du fonds de commerce; et dans les grandes villes, à Paris surtout, ce fonds est souvent une partie notable de l'actif. Ainsi toutes les fois qu'il y aura à craindre que l'interruption de cette exploitation ne préjudicie aux créanciers, l'apposition des scellés sera inutile; car si on supplée aux scellés sur les marchandises par un inventaire, à plus forte raison pourrait-on y suppléer pour le reste de l'actif.

Il n'y a guère qu'à l'égard des papiers que l'apposition des scellés serait nécessaire, s'ils sont trop nombreux pour être inventoriés; et même, à leur égard, les syndics pourront les enfermer dans une boîte ou dans une armoire qu'ils scelleront de leur cachet, pour les inventorier après les marchandises.

Sous ce point de vue, l'art. 466 pourrait être modifié par un paragraphe qui accorderait aux syndics, quand l'apposition des scellés n'aurait pas eu lieu avant leur nomination, d'y suppléer par un inventaire, si le juge-commissaire les y autorisait.

Quant à la mise à prix des objets par le juge de paix, c'est une disposition inexécutable. Comment supposer que le juge de paix pourra être en état d'apprécier toute espèce de marchandises; et si cette appréciation est faite sans connaissance, à quoi sert-elle? Pourquoi ne pas laisser aux syndics, comme dans le Code, le choix d'un appréciateur?

Ne perdons pas de vue que, quand les choses en sont à ce point, le failli malintentionné a eu soin de faire disparaître auparavant tout ce qu'il a voulu; et qu'à partir de la nomination des syndics, il n'y a presque jamais à craindre la disparition des marchandises. Les syndics, d'ailleurs, pourront préposer un ou plusieurs gardiens à la conservation des objets qu'ils n'auront pas pu inventorier dans une seule séance, et il est inutile de le dire, puisqu'ils sont investis de l'administration de la faillite.

468. Les marchandises autres que celles qui sont mentionnées en l'art. 467, ne pourront être vendues par les syndics, qu'avec la permission du tribunal de commerce, et sur le rapport du juge-commissaire.

Cette même faculté était accordée à l'agent par l'art. 464, 2e paragraphe.

Mais, dans l'un et l'autre article, on avait perdu de vue que l'agent, ainsi que les syndics provisoires, ne peuvent rien faire de définitif sans nécessité. C'est sans doute cette nécessité que le tribunal arbitrera; dans ce cas, le failli n'étant que provisoirement dessaisi de l'administration de ses biens, doit être entendu, et c'est un correctif nécessaire à cet article, car il ne peut y avoir qu'une urgente nécessité qui puisse autoriser cette réalisation de l'actif malgré le failli.

Je propose d'ajouter à cet article: *le failli entendu, ou dûment appelé.*

469. Les livres du failli seront extraits des scellés et remis par le juge de paix aux syndics, après avoir été arrêtés par lui; il constatera sommairement, par son procès-verbal, l'état dans lequel ils se trouveront.

Les effets de portefeuille à courte échéance ou susceptibles d'acceptation, seront aussi extraits des scellés par le juge de paix, décrits et remis aux syndics pour en faire le recouvrement. Le bordereau en sera remis au juge-commissaire.

Les autres créances du failli seront recouvrées par les syndics sur leurs quittances, qui devront être visées par le juge-commissaire.

Les lettres adressées au failli seront remises aux syndics, qui les ouvriront; le failli, s'il est présent, assistera à leur ouverture.

Cet article est identique avec celui 463 du Code, sauf que dans le Code il n'était question que des agens supprimés par la nouvelle loi.

La disposition relative aux lettres est tombée depuis longtemps en désuétude. On peut appliquer à cette mesure humiliante, sans résultat, ce que nous avons déjà dit dans d'autres circonstances : Tout failli saura s'en affranchir en faisant adresser ses lettres à un tiers : cette précaution est donc inutile. Si elle est inutile, elle est immorale : le secret des lettres doit toujours être inviolable.

La consécration de ce principe dans la loi nouvelle constaterait, du moins en ce point, une amélioration dans nos mœurs.

470. Le juge-commissaire, d'après l'état apparent des affaires du failli, pourra proposer sa mise en liberté avec sauf-conduit provisoire de sa personne. Si le tribunal accorde le sauf-conduit, il pourra obliger le failli à fournir caution de se représenter, sous peine de paiement d'une somme que le tribunal arbitrera et qui sera dévolue à la masse.

Cet article correspond à l'article 466, sauf que les dispositions qu'il contient étaient précédées, dans l'article du Code, par les mots : après l'apposition des scellés.

Nous avons déjà noté une grande différence, quant à la liberté du failli, entre les dispositions de la loi ancienne et celles de la loi projetée. D'après le Code, le jugement déclaratif de faillite devait toujours ordonner la mise en dépôt dans une maison d'arrêt pour dettes, ou la garde de la personne du failli : dans la loi nouvelle, le tribunal peut, dès le principe, affranchir le failli de cette précaution, lorsque lui-même s'est volontairement déclaré en faillite et qu'il a déposé son bilan. Dans ce cas, la mise en liberté du failli n'est que provisoire.

Lorsque la mise en liberté est ordonnée dès le principe, on conçoit qu'elle ne soit que provisoire; mais lorsqu'elle est ordonnée sur le rapport du commissaire, pourquoi serait-elle provisoire?

La perte de la liberté est une peine; on ne peut l'ordonner avant la connaissance du délit que dans le cas de présomption du délit. A la rigueur, on peut admettre que le fait seul de la faillite peut donner lieu à une présomption légale de délit, et encore, si on se reportait aux discussions du conseil d'état, on verrait que cette question a été vivement controversée. Mais lorsque le juge-commissaire a pris connaissance de la faillite, et qu'il lui a paru qu'il n'y avait pas présomption de faute grave ni de fraude, pourquoi la mise en liberté serait-elle provisoire?

3

Remarquez qu'en affaiblissant la position du failli vis-à-vis de ses syndics, vous n'agissez pas toujours dans l'intérêt de la masse. Une fois que l'administration de la faillite est organisée, la liberté du failli ne peut nuire à ses créanciers ; tandis qu'au contraire il peut être contraire aux intérêts de la masse de le placer dans une trop grande dépendance de ses syndics : ce qui a lieu quand sa mise en liberté n'est que provisoire. On répondra que le tribunal seul pourra retirer le sauf-conduit, et qu'il ne le fera pas sans entendre le juge-commissaire. Mais, dans la position où se trouve un failli, il est si facile d'envenimer la démarche la plus innocente, il est si naturel que le juge-commissaire s'en rapporte aux syndics, et le tribunal au juge-commissaire, qu'il est vrai de dire que la liberté du failli sera entièrement à la merci de ses syndics.

La loi des Pays-Bas a modifié sur ce point notre législation. Il n'a rien laissé de provisoire quant à la liberté du failli ; elle est ordonnée purement et simplement, ou sous caution.

Remarquez bien d'ailleurs, qu'en cas où l'opinion favorable qu'on avait conçue d'abord, et d'après laquelle la mise en liberté avait été ordonnée, vient à cesser, soit par la découverte de faits ignorés d'abord, soit par la conduite postérieure du failli, celui-ci tombe en prévention de banqueroute simple ou frauduleuse, et peut alors être privé de sa liberté, par cela seul qu'il est prévenu d'un délit ou d'un crime.

471. A défaut par le juge-commissaire de proposer un sauf-conduit pour le failli, ce dernier pourra présenter sa demande au tribunal de commerce, qui statuera après avoir entendu le juge-commissaire.

Cet article est conforme à l'article 467 du Code.
Il ne peut donner lieu à aucune observation.

472. Les syndics appelleront le failli auprès d'eux pour clore et arrêter les livres en sa présence.

Si le failli ne se rend pas à l'invitation, il sera sommé de comparaître dans quarante-huit heures au plus tard.

Soit que le failli ait ou non obtenu un sauf-conduit, il pourra comparaître par fondé de pouvoirs, s'il justifie de causes d'empêchement reconnues valables par le juge-commissaire.

Cet article correspond à l'article 468.

Il en diffère en ce que, dans le Code, l'article 468 commence par ces mots : Si le failli a obtenu un sauf-conduit. En effet, on ne peut raisonnablement lui imposer l'obligation de comparaître que dans ce cas.

Le second paragraphe ne contient pas la disposition pénale que contenait l'article 468; nous la retrouverons dans l'article suivant.

La rédaction du troisième paragraphe est meilleure que celle du paragraphe correspondant de l'ancien article, mais elle rend la même idée.

Après avoir signalé ces légères différences, nous croyons devoir produire quelques observations qui s'appliquaient à l'article 468 du Code, comme elles s'appliquent à l'article 427 dont nous nous occupons.

Le premier paragraphe paraît contenir une disposition à peu près inutile, car nous avons vu que les livres ont dû être clos et arrêtés par le juge de paix avant d'être remis aux syndics. Pourquoi les faire arrêter par le failli? Si la mesure devait se borner à lui faire apposer sa signature à côté de celle du juge de paix, ce serait bien sans objet; mais il est probable que, dans le principe, on y attachait une autre idée que la rédaction ne rend pas; cette idée consistait probablement à faire reconnaître par le failli ses livres, après les lui avoir fait examiner avec soin. C'est une garantie que l'on doit donner au failli.

La cessation de paiemens est ordinairement précédée d'un état de désordre tel que les livres sont quelquefois assez peu en règle. Le chef de la maison près de faillir est souvent forcé de s'absenter dans les derniers jours qui précèdent sa cessation de paiemens. Qui empêcherait un commis infidèle de profiter de ces derniers jours pour couvrir par des écritures un détournement de valeurs à son profit?

Comme ces livres doivent être plus tard le point de départ de la justification ou de la condamnation du failli, de la vérification des créances, des droits du failli contre ses débiteurs, etc., il importe que le failli, après que sa liberté lui est assurée, puisse tranquillement examiner ses livres et les reconnaître comme ceux qu'il produit à ses créanciers.

Cette disposition, inutile dans la forme où elle est présentée, deviendrait une disposition extrêmement utile et rationnelle, si elle tendait au but que je viens d'indiquer.

On pourrait dire :

« Les syndics appelleront le failli auprès d'eux pour reconnaître ses livres, examiner s'il n'y a rien été ajouté contre ses intentions, les lui faire parapher à chaque page et arrêter à la dernière.

473. Si le failli ne comparaît pas par lui-même ou par fondé de pouvoirs, ou s'il ne justifie pas d'empêchemens valables, il sera réputé s'être absenté à dessein.

Cet article contient la sanction pénale du paragraphe 3 de l'article 468 du Code, mais il modifie la législation, en ce que le Code voulait que lorsque le failli avait obtenu un sauf-conduit, il fût tenu de comparaître, à moins d'empêchemens valables ; tandis que d'après cet article il peut toujours paraître par fondé de pouvoirs.

Je donnerais volontiers la préférence à l'ancien système, surtout si on accordait au failli les garanties que j'ai réclamées pour lui. Il est désirable, il est même indispensable que le failli fournisse des explications aux syndics, il les leur doit ; et quand on lui a donné un sauf-conduit, non provisoire, mais définitif, sauf plainte en banqueroute, il n'a aucune raison de refuser de donner en personne les renseignemens qu'on peut désirer. La loi fait assez pour lui en le soustrayant à l'action directe de quelques créanciers, pour qu'elle lui impose ce sacrifice d'amour-propre, et le contraigne à venir s'expliquer en personne avec ses syndics. Ceux-ci auront nécessairement pour lui les égards dus au malheur, puisqu'en cas de sauf-conduit il n'y a plus présomption de faute grave ni de fraude.

474. Dans le cas où le bilan n'aurait pas été déposé par le failli, les syndics dresseront immédiatement un état de situation active et passive de la faillite à l'aide des livres et papiers du failli, et des renseignemens qu'ils se procureront.

475. Le juge-commissaire est autorisé à entendre le failli, ses commis, ses employés, et toute autre personne, tant sur ce qui concerne la formation de l'état de situation active et passive, que sur les causes et circonstances de la faillite.

Ces deux articles correspondent aux articles 473 et 474 du Code, mais il y a quelques différences à signaler.

D'après le Code, les agens ou syndics peuvent prendre les renseignemens de tous ceux qui voudront bien leur en donner, femme, enfans, commis, et autres employés.

Dans l'article 474, on donne aux syndics les mêmes fonctions à remplir, et on ne limite pas la qualité des personnes dont ils pourront se procurer des renseignemens : ce qui leur laisse plus de latitude, et cela est mieux.

D'après le Code, le juge-commissaire peut interroger les commis et employés, mais non la femme et les enfans; ce qui se conçoit, parce que l'interrogation du juge exige une réponse.

Mais l'article 475 du projet de loi autorise seulement le juge-commissaire à entendre le failli, ses employés et commis et toute autre personne. Cette autorisation d'entendre ne lui était pas nécessaire : il est le surveillant judiciaire de la faillite, il doit recueillir toutes les dépositions qui lui arrivent, sauf à y avoir tel égard qu'il juge convenable : mais il faut l'investir du droit *d'interroger*, si vous voulez que sa mission soit bien remplie; et il faut alors en exclure nécessairement la femme et les enfans, comme dans le code actuellement en vigueur.

Il faudrait donc remplacer le mot *entendre* par *interroger*, et après *toute personne*, ajouter : *autre que la femme*, *les enfans et ascendans du failli.* On pourrait supprimer le pléonasme de commis ou employés, car ces deux mots me semblent s'appliquer indifféremment à la même classe de personnes.

476. Si le failli vient à décéder après l'ouverture de la faillite, sa veuve et ses enfans pourront se présenter pour le suppléer dans la formation du bilan et pour les autres obligations qui lui sont imposées par la présente loi ; à leur défaut, les syndics procéderont.

Cet article correspond à l'article 475 du Code, sauf que les syndics remplacent les agens. Il ne peut donner lieu à aucune observation.

SECTION II.

De la levée des scellés et de l'inventaire.

477. Dans le plus bref délai, les syndics provisoires requerront la levée des scellés, et procéderont à l'inventaire des biens du failli, lequel sera présent ou dûment appelé, tant à la levée des scellés qu'aux opérations de l'inventaire.

Cet article correspond pour sa première partie à l'article 486, et pour la seconde à l'article 487.

La mesure se trouve complétée par les deux articles suivans, qui n'exigent pas d'autre observation que de signaler ce qui a été ajouté aux dispositions du Code, additions qui sont des améliorations réelles.

478. L'inventaire sera dressé en double minute par les syndics à mesure que les scellés seront levés, et en présence du juge de paix, qui le signera à chaque vacation.

Les syndics seront libres de se faire aider pour sa rédaction, comme pour l'estimation des objets, par qui ils jugeront convenable.

Il sera fait récolement des objets qui, conformément à l'art. 467, n'auront pas été mis sous les scellés et auront déjà été inventoriés et prisés.

Cette dernière disposition est nouvelle ; mais il me semble que le récolement est inutile : ce qu'il importe, c'est de compléter l'inventaire par l'addition de l'inventaire déjà fait des objets qu'on n'a pas mis sous les scellés, conformément à l'article 467, afin d'avoir un état de l'actif du failli. Il serait mieux de dire :

« On ajoutera à cet inventaire celui déjà dressé des objets qui... etc. »

479. Les deux minutes de l'inventaire seront visées par le juge de paix. L'une d'elles sera déposée au greffe du tribunal de commerce dans les vingt-quatre heures ; l'autre restera entre les mains des syndics.

Le Code n'exigeait qu'une minute de l'inventaire, qui restait entre les mains du syndic. La double minute et le dépôt au greffe ne sont pas des précautions superflues : une minute peut s'égarer, et alors le contrôle de l'administration des syndics deviendrait impossible.

480. En toute faillite, les syndics provisoires et définitifs, dans la quinzaine de leur entrée en fonctions, seront tenus de remettre au juge-commissaire un mémoire ou compte sommaire de l'état de la faillite, de ses principales causes et circonstances, et des caractères qu'elle paraît avoir.
Le juge-commissaire transmettra au ministère public les mémoires avec ses observations.

Cet article correspond à l'article 488, et contient à peu près les mêmes dispositions, sauf que dans l'article 488, les syndics remettaient directement au ministère public et dans la huitaine leur mémoire sur la faillite.

Aujourd'hui, il y a une double communication qui a pour but de ne point laisser ignorer au juge-commissaire aucun des détails de la faillite.

Quant au délai de quinzaine, il me paraît préférable à celui de huitaine du Code. Comment vouloir que les syndics rendent un compte de la faillite avant la levée des scellés et la confection de l'inventaire? N'est-ce pas là le point de départ de l'actif de la faillite, surtout quand les écritures des livres ne seront pas à jour? Le délai de quinzaine est donc nécessaire.

> 481. Les officiers du ministère public pourront, s'ils le jugent convenable, se transporter au domicile du failli et assister à l'inventaire.
>
> Ils auront le droit de requérir communication de tous les actes ou procès-verbaux relatifs à la faillite.

Cet article correspond à l'article 489.

Cette faculté consacrée par un article spécial établit une présomption légale qu'il est important de faire sentir.

C'est que l'état de faillite n'implique pas présomption de délit ni quasi-délit, puisque dans l'un ou l'autre cas, la présence et l'intervention des officiers du ministère public n'aurait pas besoin d'être autorisée par une disposition spéciale.

Ainsi, dans le système de la loi actuelle, l'état de faillite ne place pas le failli en présomption légale de délit, ni même de quasi-délit.

SECTION III.

De la vente des marchandises et meubles, et des recouvremens.

> 482. L'inventaire terminé, les marchandises, l'argent, les titres actifs, meubles et effets du débiteur, seront remis aux syndics provisoires, qui s'en chargeront au bas dudit inventaire.

Cet article répète mot pour mot les dispositions de l'article 491 du Code.

> 483. Les syndics procéderont, sous la surveillance du juge-commissaire, au recouvrement des dettes actives du failli.

Cet article répond au premier paragraphe de l'article 492 du Code de commerce, sauf qu'il oblige les syndics à faire les recouvremens, tandis que l'article du Code dit : *Les syndics pourront, sous l'autorisation du commissaire, procéder...*

Maintenant l'autorisation n'est plus nécessaire, et quant à la surveillance, on sait ce que peut être la surveillance d'un juge-commissaire chargé quelquefois d'une douzaine de faillites en même temps.

Quoi qu'il en soit, la nouvelle rédaction nous paraît préférable en ce qu'elle dispense les syndics d'une autorisation qu'ils reçoivent de fait par l'investiture de leurs fonctions, et en ce qu'elle oblige les syndics à s'occuper des recouvremens, et les expose à être responsables envers la masse, si par leur négligence à exercer les droits du failli, ils mettaient en péril ses recouvremens.

484. Le juge-commissaire pourra, mais seulement après avoir entendu le failli dans ses observations ou l'avoir dûment appelé, autoriser les syndics à procéder à la vente des effets et marchandises.

Il décidera si la vente se fera soit à l'amiable, soit aux enchères publiques par l'entremise de courtiers ou de tous autres officiers publics préposés à cet effet.

Les syndics choisiront dans la classe d'officiers publics déterminée par le juge-commissaire, celui dont ils voudront employer le ministère.

Cet article correspond au deuxième paragraphe de l'article 492 du Code de commerce.

Il y ajoute une garantie pour le failli : c'est qu'il devra être entendu ou dûment appelé. Mais dans l'un et l'autre, nous voyons consacré le droit de vendre ses effets; et nous croyons que la seule dénomination de syndics provisoires indique assez qu'ils ne doivent pas vendre les effets du failli.

Comment remplira-t-on l'intention charitable manifestée par l'article 529 du Code et maintenue par l'article 534 de la loi nouvelle, de remettre aux faillis, les vêtemens, hardes et meubles à l'usage de leurs personnes, s'ils ont été vendus?

Le mot *effets* doit donc disparaître de l'article 484. A l'égard des marchandises, il faut distinguer.

Si elles sont de nature à se détériorer en magasin, il faut les vendre ; si leur garde coûte des frais qui absorberaient l'avantage de les garder, il faut les vendre ; s'il y a besoin de réaliser des fonds pour suivre les opérations de la faillite, il faut les vendre. Mais hors ces cas, pourquoi vendre à la criée et à vil prix des marchandises dont le failli tirerait un bien meilleur parti quand il aurait traité avec ses créanciers ? Ne sait-on pas combien ces réalisations sont déplorables !

Si les syndics continuent l'exploitation du commerce, les marchandises qui font partie du fonds doivent être vendues à l'amiable, au cours ; et à cet égard la loi ne peut entrer dans des détails ; elle a pourvu au moyen d'assurer à la masse des administrateurs éclairés dans la personne des syndics, il faut les laisser faire. Mais autoriser le juge-commissaire à ordonner seul la vente à l'encan, sans nécessité, de toutes les marchandises du failli, c'est exposer l'actif à être réduit de moitié.

Encore une fois, ce ne sont que des syndics provisoires; et le juge-commissaire, même le tribunal, ne peuvent les autoriser à faire autre chose que du provisoire.

Il n'y a donc que les cas d'urgence, de nécessité, qui peuvent faire rentrer dans la catégorie des mesures provisoires la réalisation de l'actif par un mode quelconque. Or, comme il s'agit ici d'une sorte d'expropriation, ce n'est pas trop de cette garantie.

Ainsi, pour maintenir cet article, il faut remplacer le *juge-commissaire* par le *tribunal*; et, après le mot *pourra*, ajouter : *s'il y a urgence.*

485. Les syndics provisoires pourront, en s'y faisant autoriser par le juge-commissaire, le failli dûment appelé, transiger sur toutes contestations qui intéressent la masse, autres que celles qui sont relatives à des droits et actions immobiliers.

Néanmoins, la transaction ne sera obligatoire qu'après avoir été homologuée par le tribunal.

Cette disposition n'existait pas dans le Code, elle était adoptée par l'usage.

Toute faillite donnant ordinairement lieu à des procès, il importe souvent de les éviter ; surtout pour une masse, dont les intérêts sont toujours défendus avec moins de zèle que les intérêts privés. Il est donc utile que les syndics puissent transiger, mais seulement en cas de nécessité urgente ; car, sans cela il n'y a nullement lieu à des syndics provisoires de transiger.

Quant à la distinction des droits et actions mobiliers, de ceux immobiliers, elle me paraît inutile :

1° En ce qu'en cas de faillite les intérêts mobiliers sont généralement beaucoup plus importans que ceux immobiliers;

2° En ce qu'il peut y avoir un grand intérêt à transiger sur les droits immobiliers, comme sur les droits mobiliers;

Et que l'administration des immeubles est dévolue aux syndics comme celle des valeurs mobilières.

Quand ce ne serait que pour laisser aux syndics le droit de faire convertir une saisie immobilière en vente sur publications judiciaires, ce serait déjà une chose fort utile que l'intervention des syndics ; et si l'on ne regarde pas ces conversions comme une transaction, il peut se présenter beaucoup d'autres cas où des transactions sur droits immobilier soient nécessaires. Ainsi, par exemple, pour éviter des difficultés dans un ordre, pour donner main-levée, en ne touchant qu'une partie, mais en évitant ainsi des frais d'ordre, il peut y avoir lieu de transiger. Moyennant l'autorisation du juge-commissaire, et l'homologation du tribunal, l'abus ne peut se présumer ; mais, dans tous les cas, n'admettons jamais que des syndics *provisoires* puissent transiger, n'importe sur quoi, s'il n'y a pas urgence.

Il est excessivement important de repousser la tendance des syndics provisoires à faire du définitif.

486. Si le failli a été affranchi du dépôt ; ou s'il a obtenu un sauf-conduit, les syndics pourront l'employer pour faciliter et éclairer leur gestion ; ils fixeront les conditions de son travail.

Cet article répond à l'art. 493; il n'en diffère que par la première condition, *si le failli a été affranchi du dépôt*, qui ne pouvait exister sous l'empire du Code, qui voulait dans tous les cas qu'il y eût dépôt du failli dans une maison d'arrêt.

Comme cet article est fort loin de ceux qui parlent de l'arrestation, la clarté de la rédaction exigerait peut-être qu'on mit, après le mot dépôt : *de sa personne dans une prison pour dettes*.

487. Les deniers provenant des ventes et recouvremens seront, sous la déduction des sommes arbitrées par le juge-commissaire pour le montant des dépenses et frais, versés immédiatement à la caisse des dépôts et consignations. Ils ne pourront être retirés qu'en vertu d'une ordonnance du juge-commissaire.

Cet article remplace les dispositions des articles 496, 497 et 498 du Code.

L'art. 496 ordonnait le dépôt dans une caisse à double serrure; mais on n'avait pas cette caisse, on n'en achetait pas une exprès, et l'argent était gardé, par l'un des syndics qui fort souvent l'employait à son usage; l'on a même vu plus d'une fois la caisse syndicale compromise, par la faillite du syndic. C'était un grave inconvénient.

Un autre non moins grave résultait de cette mesure : c'était d'éterniser les faillites par l'intérêt qu'avait le syndic à garder les fonds de la masse. Par la même raison, plus tard on refusait de rendre compte au failli. Tous ces abus étaient trop évidens pour échapper à la nouvelle loi.

Il n'y a plus qu'une amélioration à réclamer : c'est de remplacer le mot *immédiatement* par un délai positif : *dans les trois jours au plus tard*, par exemple.

Il faut éviter dans les lois toutes les dispositions vagues : *immédiatement* peut durer long-temps.

488. Les syndics provisoires ne peuvent agir que collectivement. Néanmoins, le juge-commissaire peut autoriser un ou plusieurs d'entre eux, à faire séparément des actes d'administration.

Cette disposition est nouvelle : mais est-elle bien nécessaire ? Dès le moment que la loi exige deux syndics au moins,
elle a voulu que le mandat fût collectif, les syndics sont
donc co-mandataires, et dans ce sens, co-responsables de leurs
actes de gestion. S'ils ont l'un pour l'autre une confiance ré-
ciproque, on peut les laisser se partager les fonctions du
syndicat sans les décharger de la solidarité de leurs actes
comme co-mandataires.

Si c'est afin de les affranchir de cette responsabilité réci-
proque que la loi nouvelle confère au juge-commissaire le
droit de les autoriser à agir séparément, c'est une garantie
de moins pour la masse, et le but que la loi nouvelle paraissait avoir voulu atteindre en exigeant au moins deux syndics
lui échappe.

> 489. S'il s'élève des réclamations contre quelqu'une des opérations
> des syndics, le juge-commissaire statuera, sauf recours devant le
> tribunal de commerce.

Cette disposition, qui n'existe pas dans le Code, a sans doute
pour but de vider sans bruit les plaintes des créanciers ou
du failli contre les syndics. Elle constitue un premier degré
de juridiction qui n'existait pas auparavant, et la décision
du tribunal, soit qu'elle confirme ou qu'elle infirme celle
du juge, sera en dernier ressort, d'après l'article 583 qui dira
plus tard qu'une pareille décision ne pourra être frappée
d'opposition ni d'appel.

> 490. Le juge-commissaire pourra, sur les plaintes à lui adressées
> par le failli ou par les créanciers, ou même d'office, proposer la
> révocation des syndics provisoires.
> Le tribunal entendra en chambre du conseil le rapport du juge-com-
> missaire et les explications des syndics, et il prononcera à l'au-
> dience sur la révocation.

Cette disposition n'existait pas, mais il n'était pas besoin
qu'elle existât pour que le failli eût le droit de se plaindre au
tribunal de ses syndics, et d'en demander la révocation. Les

syndics n'étant autres que des mandataires judiciaires, des sequestres, la justice pouvait leur retirer le mandat qu'elle leur avait donné: dans ce cas, la demande aurait été renvoyée au juge-commissaire qui aurait entendu les syndics et fait son rapport.

Examinons les différences qu'introduit la législation nouvelle.

Le juge-commissaire *pourra*.

Donc, s'il ne le veut pas, il pourra aussi étouffer les plaintes du failli ou des créanciers; donc il sera seul juge de la plainte.

Le tribunal entendra en chambre du conseil le rapport du juge et les explications des syndics; et pourquoi n'entendrait-il pas le plaignant? qui ne voit la différence d'entendre les parties les unes après les autres ou de les mettre en présence?

La nouvelle loi donnerait par cet article beaucoup moins de moyens aux créanciers comme au failli de veiller à la conservation de leurs droits qu'ils n'en ont maintenant. Ce ne peut être le but qu'on a voulu atteindre. En supprimant cet article et le précédent, on laisse les parties dans le droit commun.

Si on attaque les mesures des syndics, ou si l'on demande leur révocation, les parties sont renvoyées devant le juge; celui-ci met en présence les syndics et les plaignans, il fait son rapport, le tribunal statue. Tout est régulier, tout est légal, n'introduisons, point de privilége même en faveur des syndics.

SECTION IV.

Des actes conservatoires.

491. A compter de leur entrée en fonctions, les syndics provisoires seront tenus de faire tous actes pour la conservation des droits du failli sur ses débiteurs.

Ils seront tenus de requérir l'inscription aux hypothèques sur les immeubles des débiteurs du failli, si elle n'a pas été requise par lui; l'inscription sera prise au nom de la masse par les syndics , qui joindront à leurs bordereaux un certificat du greffier constatant leur nomination.

Cet article correspond à l'article 499 et lui est semblable , sauf que dans le deuxième paragraphe l'article 499 disait : l'inscription sera *reçue* au nom des agens et syndics.

Sera reçue est remplacé avantageusement par l'expression *sera prise ; au nom des agens et syndics*, par : *au nom de la masse.*

Mais nous croyons que ce ne doit être au nom ni des uns ni des autres, mais bien au nom du failli, que l'inscription doit être prise ; et voilà pourquoi,

L'inscription est une bonne mesure conservatoire , elle coûte des frais ; il faut qu'elle serve le plus possible. S'il y a concordat ; le failli n'aura pas besoin de prendre une nouvelle inscription.

Mais le failli est dépossédé? — Oui, provisoirement ; mais sa capacité peut renaître.

Il suffit que l'inscription soit prise par ses syndics, pour que son état de faillite soit connu et pour que le conservateur sache qu'il ne pourrait la radier sur la main-levée du failli.

L'inscription , quoique prise en son nom , profite à sa masse s'il y a contrat d'union , car alors la dépossession est définitive.

Enfin, pour plus de sûreté , on peut exiger l'adjonction de la mention de l'état de faillite et des noms, prénoms , domiciles et demeures de ses syndics. Cela me paraît même conforme aux principes de notre régime hypothécaire.

Quant à l'adjonction du certificat, elle est inutile , car la loi n'exige nullement un mandat pour prendre inscription au profit d'un autre. L'article 2148 dit positivement que le bordereau peut être présenté par un tiers. Il est donc inutile d'exiger que les syndics justifient de leur mandat ?

492. Ils seront tenus de prendre inscription , au nom de la masse des créanciers, sur les immeubles du failli dont ils connaîtront

l'existence. L'inscription sera reçue sur un simple bordereau énonçant qu'il y a faillite, et relatant la date du jugement par lequel ils auront été nommés.

Cet article correspond à l'article 500 du Code; il lui est entièrement semblable.

Il renferme comme lui une énonciation qui me. semble nuisible aux intérêts de la masse; je veux parler des mots : *dont ils connaîtront l'existence.*

L'hypothèque résultant du jugement déclaratif de faillite, est une hypothèque judiciaire. Elle doit embrasser l'universalité des biens du failli, connus et inconnus, présens et à venir. Il serait donc prudent d'enjoindre aux syndics de prendre toujours inscription, au nom de la masse des créanciers, au bureau des hypothèques de l'arrondissement où demeure le failli, et en outre dans tous les bureaux dans l'arondissement desquels ils croiraient qu'il peut exister ou advenir par succession des biens appartenans au failli.

SECTION V.

De la vérification des créances.

493. La vérification des créances sera faite sans délai; le juge-commissaire veillera à ce qu'il y soit procédé à mesure que les créanciers se présenteront.

A cet effet, le greffier sera tenu de recevoir, à partir de la déclaration de faillite, tous les titres de créances qui lui seront présentés, et d'en donner décharge.

Cet article contient d'abord l'article 501 et une partie de l'article 502 qui se trouve ensuite modifié par l'article 494.

Ce premier article énonce, comme l'article 501 du Code, une disposition inexécutable et qui ne s'est jamais exécutée, c'est *la vérification des créances à mesure que les créanciers se présenteront.*

Il est impossible d'exiger que les syndics quittent à chaque instant leurs affaires personnelles pour s'occuper de la vérification d'une créance. Il n'y a d'ailleurs nul intérêt à ce que cette vérification ait lieu immédiatement.

Ce système de vérification a besoin d'être examiné dans son ensemble.

Qu'est-ce que doivent désirer les créanciers? c'est qu'on n'admette que les créances légitimes.

Laissera-t-on les syndics juges souverains de l'admission des créances? ce serait leur accorder une bien grande confiance. On ne pourrait la leur donner sans accorder aux créanciers le droit d'attaquer leurs admissions.

Ces attaques porteraient atteinte à la considération des syndics.

Il n'y a qu'un moyen de l'éviter, c'est d'admettre les créanciers à la vérification.

Pour que les créanciers puissent être présens à la vérification, il faut qu'ils soient prévenus des jours et heures où la vérification se fera.

Pourquoi cette vérification ne se ferait-elle pas en leur présence et par eux-mêmes, ainsi que cela est établi en Belgique, sous la présidence du juge-commissaire, le failli appelé? Il me semble qu'il y a de cette manière garantie pour tous et beaucoup de perte de temps de moins. On pourrait aussi procéder immédiatement à l'affirmation des créances. Cette formalité, étant remplie en présence des créanciers, aura plus d'effet que l'affirmation à huis-clos.

S'il y a une ou plusieurs contestations, le juge-commissaire en dressera procès-verbal et renverra les contestans à l'audience où ils devront se présenter sans autre assignation.

Le tribunal statuera sur toutes les contestations par un seul jugement.

Ce système, adopté en Belgique, est le seul qui puisse couper court aux réclamations, souvent sans fondement, des créanciers sur l'énormité de telle ou telle créance. Il déchargera les syndics de la responsabilité de l'admission, quoique

4

nécessairement ils seront l'ame de cette vérification, surtout si le failli n'est pas présent.

Par ce moyen, on évitera aussi le dépôt des titres, dépôt qui est souvent une source de difficultés et un objet de responsabilité.

Le créancier vérifié affirmera immédiatement sa créance, et mention du tout sera faite sur le titre.

Si les créances sont par trop nombreuses, il y aura lieu de renvoyer l'assemblée à un autre jour.

Les créances des syndics se trouveront vérifiées par l'assemblée même des créanciers.

Les décisions seront prises à la majorité des créanciers présens ; en cas de partage, le juge-commissaire décidera.

Les syndics n'auront que leur voix comme créanciers.

A l'égard de la convocation des créanciers, elle se fera par lettres et par les journaux.

Et à l'égard des créanciers non comparans, soit par négligence, soit à cause de leur éloignement, il y aura une seconde convocation, à trente jours d'intervalle, pendant lequel délai les plus éloignés auront le temps d'envoyer leur procuration. Si cependant quelques-uns se trouvent trop éloignés pour que ce délai soit suffisant, leurs droits seront réservés, mais leur absence n'arrêtera pas les opérations de la faillite.

Quant au dépôt des titres au greffe, c'est faire faire aux titres un circuit inutile, car le greffier devra les remettre aux syndics pour que ceux-ci puissent les vérifier.

Il faut donc supprimer la remise des titres au greffe quand bien même on maintiendrait le mode de vérification du projet de loi.

494. Tous les créanciers qui, à l'époque de la clôture de l'inventaire, n'auront pas encore remis leurs titres, seront avertis par les papiers publics, et par lettres des syndics, de se présenter dans le délai de trente jours, par eux ou par leurs fondés de pouvoirs, aux syndics de la faillite, de leur déclarer à quel titre et pour quelle somme ils sont créanciers, et de leur remettre leurs titres

de créances, si mieux ils n'aiment les déposer au greffe du tribunal de commerce ; il leur en sera donné récépissé.

A l'égard des créanciers domiciliés en France hors du lieu de l'ouverture de la faillite, ce délai sera augmenté d'un jour par trois myriamètres de distance entre le lieu d'ouverture de la faillite et le domicile du créancier.

A l'égard des créanciers domiciliés hors du territoire continental de la France, ce délai sera augmenté conformément aux règles de l'art. 73 du Code de procédure civile.

Cet article correspond aux articles 502 et 511 ; il n'en diffère essentiellement que par le délai qui se trouve rapproché à l'égard des créanciers domiciliés dans le ressort du tribunal de commerce.

Le délai à observer pour les créanciers hors du ressort du tribunal de commerce et pour ceux à l'étranger est le même que dans l'article 511 ; mais nous verrons que cet article est modifié par l'article 504 qui ne suspend les opérations de la faillite que jusqu'à l'expiration des délais des créanciers qui se trouvent en France ; et comme la loi projetée supprime le second délai que prescrivait l'article 511, les opérations de la faillite seront terminées beaucoup plus tôt.

495. Tout créancier qui se prétendra privilégié devra faire la déclaration de cette prétention au plus tard lors de l'affirmation de sa créance, à peine de déchéance de son privilége.

Cette disposition nouvelle ne peut que recevoir l'approbation de tous ceux qui connaissent l'importance d'écarter de la délibération pour le concordat tous les créanciers privilégiés.

496. Les créances des syndics provisoires seront vérifiées par le juge-commissaire ; les autres créances seront vérifiées contradictoirement entre le créancier ou son fondé de pouvoir, et les syndics, en présence du juge-commissaire qui en dressera procès-verbal : cette opération aura lieu dans le délai fixé par l'article précédent.

Cet article correspond à l'article 5o3. Il lui est conforme, sauf le délai. L'art. 5o3 dit que la vérification aura lieu dans la quinzaine qui suivra le délai (4o jours) fixé par l'article 5o2 pour produire les titres.

On voit dans ce changement l'intention d'accélérer l'opération.

Mais dans l'une et l'autre loi il faut toujours qu'il y ait réunion des syndics et du commissaire pour la vérification. Or, ils ne peuvent être en séance permanente pour cette vérification pendant les délais de la production. Alors comment la vérification aura-t-elle lieu à mesure que les créanciers se présenteront? Il faut bannir de la loi nouvelle tout ce que l'expérience a démontré inexécutable.

Si on n'admet pas le système que j'ai indiqué (article 493) pour la vérification, il faut remplacer la disposition de l'article dont nous nous occupons par celle-ci : *les titres seront déposés aux syndics qui en donneront récépissé et indiqueront le jour et le lieu de la vérification ;* autrement le vœu de l'article 497 ci-après ne pourrait pas être rempli.

> 497. Tout créancier porté au bilan pourra assister à la vérification des créances et fournir ses contredits aux vérifications faites et à faire.

Cet article correspondant à l'article 5o4 étend à tous les créanciers portés au bilan le droit réservé par cet article aux seuls créanciers vérifiés, ayant affirmé; et en effet la présomption légale est que le créancier porté au bilan est créancier réel; donc il a droit de vérifier.

Mais comment les créanciers seront-ils prévenus de se trouver à la vérification ? où cette vérification aura-t-elle lieu ?

C'est ce que n'indiquait pas le Code , et ce que n'indique pas non plus la loi nouvelle. C'est une lacune qui serait remplie en modifiant comme nous l'avons indiqué la rédaction de l'article 496.

498. Le procès-verbal de vérification énoncera la représentation des titres de créances, le domicile des créanciers et de leurs fondés de pouvoirs.

Il contiendra la description sommaire des titres, lesquels seront rapprochés des registres du failli.

Il mentionnera les surcharges, ratures et interlignes.

Il exprimera que le porteur est légitime créancier de la somme par lui réclamée.

Cet article correspond au commencement de l'article 505. On y retrouve à regret la rédaction du second paragraphe:

« *Il contiendra la description sommaire des titres, lesquels seront rapprochés des registres du failli.* Le législateur a-t-il seulement voulu dire que ce rapprochement doit être fait pour la vérification de la créance? Mais alors, ce ne serait pas dans cet article qu'il aurait dû énoncer cette condition de la vérification, puisque cet article a pour but d'indiquer ce que doit contenir le procès-verbal de vérification; et si le législateur a voulu que le procès-verbal contînt mention que cette vérification a eu lieu, il me semble qu'il serait mieux de dire:

« Il contiendra la description sommaire des titres, et *leur concordance avec les livres du failli.* »

Par cette prescription, la loi atteindra un double but, le fait matériel du rapprochement des livres et des titres, et la constatation de l'accomplissement de la formalité.

499. Si la créance n'est pas contestée, les syndics signeront sur chacun des titres la déclaration suivante : « Admis au passif de la » faillite de *** pour la somme de..... le.....; le juge-commis-» saire visera la déclaration. »

Cet article reproduit l'article 506.

Il ne peut donner lieu à aucune observation.

500. Chaque créancier, dans le délai de huitaine après que sa créance aura été vérifiée, sera tenu d'affirmer entre les mains du juge-commissaire, que ladite créance est sincère et véritable.

Cet article reproduit textuellement l'article 507.

Pour l'effet de l'affirmation, nous renvoyons à ce que nous avons dit sur l'article 493, afin que cette affirmation ait lieu publiquement. Sinon c'est une mesure qui dérange bien inutilement le créancier et le juge-commissaire.

> 501. Dans tous les cas, le juge-commissaire, d'office ou sur la réquisition des syndics, pourra ordonner la représentation des livres de ce créancier et le dépôt de ces livres au greffe du tribunal de commerce, ou demander l'extrait fait par les juges de commerce du lieu en vertu d'un compulsoire.
>
> Il pourra, sans qu'il soit besoin de citation, renvoyer à bref délai devant le tribunal de commerce, qui jugera sur son rapport.

Cet article correspond à l'article 508 du Code.

Il en diffère en ce que : 1° il autorise le juge-commissaire à contester les créanciers d'office, tandis qu'auparavant il fallait qu'il y eût contestation; 2° en ce qu'il peut demander communication et dépôt des livres, tandis que précédemment il ne pouvait demander que communication et dépôt du titre au greffe; 3° en ce qu'il ne peut plus ordonner le dépôt du titre au greffe.

Quant au dépôt des titres au greffe, du moment que les syndics contestent le titre et que ces contestations peuvent s'élever sur les irrégularités mêmes du titre, il importe que le juge-commissaire ordonne son dépôt au greffe; et comme les syndics en sont déjà dépositaires, il me semble que la loi devrait prescrire au juge-commissaire de s'en emparer pour les joindre à son rapport après l'avoir fait parapher par le produisant et les syndics, *ne varietur*, et avoir constaté par procès-verbal les points de la contestation.

Quant au dépôt des livres, c'est une mesure qu'on ne peut admettre. On ne peut forcer ainsi, et sans nécessité, un commerçant à faire connaître sa position et ses affaires, ce qui pourrait résulter du dépôt de ses livres au greffe. On ne peut demander en pareil cas que la représentation des livres, ou communication instantanée.

Ainsi sous ce double rapport l'art. 501 doit être modifié.

502. Le tribunal de commerce pourra ordonner qu'il soit fait, devant le juge-commissaire, enquête sur les faits, et que les personnes qui pourront fournir des renseignemens soient, à cet effet, citées par devant lui

Point d'observations à faire.

503. Lorsque la contestation sur l'admission d'une créance aura été renvoyée devant le tribunal de commerce, ce tribunal, si la cause n'est point en état de recevoir jugement définitif avant l'expiration des derniers délais de mise en demeure, ordonnera, selon les circonstances, qu'il sera sursis ou passé outre à la convocation de l'assemblée pour la formation du concordat ou du contrat d'union. Si le tribunal ordonne qu'il sera passé outre, il pourra décider provisionnellement que le créancier contesté sera admis dans les délibérations pour une somme que le même jugement déterminera. Dans le cas où une créance serait l'objet d'une instruction criminelle ou correctionnelle, le tribunal de commerce pourra également prononcer le sursis; s'il ordonne de passer outre, il ne pourra accorder d'admission provisionnelle, et le créancier contesté ne pourra prendre part aux opérations de la faillite tant que les tribunaux compétens n'auront pas statué.

Cet article renferme des dispositions nouvelles :
1° En ce que la contestation ne fera plus cesser absolument toute participation du créancier contesté aux opérations de la faillite.

Ces contestations pouvaient servir de moyens d'éloigner un créancier dont on craignait l'influence ou dont le vote pouvait faire pencher la balance. Elles ne pourront plus produire ce résultat au moyen de l'admission provisionnelle.

Il n'y a qu'en cas d'attaque correctionnelle ou criminelle que l'admission provisionnelle ne pourra avoir lieu ;
2° En ce que les opérations de la faillite pourront être suspendues par le fait seul de la contestation d'une créance.

Sans doute il faudra que la créance soit importante par

rapport à la faillite, pour que le tribunal prenne sur lui de suspendre les opérations de la faillite.

Mais on sent que cette suspension sera utile, surtout quand la suspicion de la créance pourra faire naître des doutes sur la question de savoir s'il n'y a pas banqueroute simple ou frauduleuse.

D'ailleurs cette décision dépendra entièrement du tribunal de commerce, dont les jugemens sont presque toujours remarquables par leur prudence et leur impartialité.

> 504. A l'expiration des délais déterminés par l'article 494, à l'égard des personnes domiciliées en France, pour la vérification des créances portées au bilan, ou sur l'état dressé conformément à l'article 474, il sera passé outre soit à la formation du concordat, soit à la nomination des syndics définitifs et à toutes les opérations de la faillite, sous l'exception portée au chapitre VIII en faveur des créanciers domiciliés hors du territoire continental de la France.

Cet article annule la disposition de l'art. 511 du Code, qui prescrivait un nouveau délai à accorder aux retardataires par un jugement spécial. Ce délai ne sera plus accordé.

C'est peut-être tomber dans un inconvénient contraire à la lenteur qu'on reprochait aux opérations d'une faillite. Sans doute cette lenteur nuit quelquefois aux intérêts de la masse, mais si un peu de lenteur peut calmer l'irritation des créanciers, leur laisser le temps de rembourser les tiers-porteurs, ordinairement intraitables, et favoriser ainsi le concordat, c'est un avantage réel, non seulement pour le failli, mais encore pour la masse. Car on remarque généralement qu'un concordat, quel qu'il soit, produit encore plus qu'un contrat d'union.

Il n'y a nul avantage à ce que les créanciers soient dans le cas de délibérer sur le concordat avant trois ou quatre mois, à partir de l'ouverture de la faillite; il y a plus de chances de s'entendre à l'amiable, quand le failli se trouve en présence de ses créanciers directs.

505. A défaut de comparution dans les délais qui leur sont applicables, les défaillans connus ou inconnus ne seront pas compris dans les répartitions à faire. Toutefois la voie de l'opposition leur sera ouverte jusqu'à la distribution des deniers inclusivement.

S'ils se font reconnaître créanciers dans cet intervalle, ils ne pourront rien réclamer sur les répartitions ordonnancées par le juge-commissaire; mais ils auront le droit de prélever, sur l'actif non encore réparti, les dividendes afférens à leurs créances dans les premières répartitions.

Cet article répond à l'art. 513 du Code. Il en diffère en ce qu'il réserve aux créanciers en retard, sur ce qui reste à distribuer leur droit aux dividendes qu'ils auraient eus sur les répartitions consommées.

Et comme alors les opérations de la faillite sont terminées, que le retard qu'apportent les créanciers à se présenter ne porte aucun préjudice à la masse, il paraît juste, s'il y a quelques répartitions encore à faire, de leur accorder la reprise des droits qu'ils avaient dans les répartitions faites. Seulement il faudrait que les frais du jugement qui admet leur créance, après l'expiration des délais, fussent à leur charge, et la loi devrait le dire pour consacrer ce qui est déjà admis dans la pratique.

CHAPITRE VI.

DU CONCORDAT ET DU CONTRAT D'UNION.

SECTION PREMIÈRE.

De la convocation et de l'assemblée des créanciers, pour délibérer sur le concordat ou le contrat d'union.

506. Dans les trois jours après l'expiration des délais prescrits pour l'affirmation, le juge-commissaire convoquera à l'effet de délibérer sur la formation du concordat ou du contrat d'union, les créanciers dont les créances auront été admises et affirmées. Les

insertions dans les journaux et les lettres de convocation indiqueront l'objet de l'assemblée.

Cet article répond à l'article 514.

Il en diffère en ce qu'il ajoute la condition de l'affirmation de la créance pour être convoqué, et en ce qu'il confie
au juge-commissaire la convocation qui précédemment ap-
partenait aux syndics. Comme le juge-commissaire confiera
nécessairement cette besogne au greffier, il serait mieux de le
dire de suite ; de même aussi serait-on bien d'indiquer le
mode de convocation et dire : *le juge-commissaire fera convoquer par le greffier, par lettres et insertions dans les journaux, à l'effet de délibérer*, etc.

Par suite de cette nouvelle disposition, on n'a pas à craindre que les syndics éloignent à dessein de la délibération les
créanciers qu'ils croiraient opposés à leurs vues. Sous ce rapport, c'est une amélioration.

507. Aux lieu, jour et heure qui seront fixés par le juge-commissaire, l'assemblée se formera sous sa présidence ; il n'y sera admis que des créanciers reconnus ou leurs fondés de pouvoir.
Le failli sera appelé à cette assemblée, il devra s'y présenter en personne, s'il a été dispensé de la mise en dépôt ou s'il a obtenu un
sauf-conduit, et il ne pourra s'y faire représenter que pour des
motifs valables et approuvés par le juge-commissaire.

Le premier paragraphe de cet article est conforme à l'art.
515 du Code, mot pour mot. Est-ce à dessein qu'on n'exige
pas pour l'admission à l'assemblée qu'on ait affirmé sa créance?
Il est plus probable qu'on a omis d'en faire mention, surtout
dans la loi nouvelle qui veut qu'on ne convoque que les
créanciers *ayant affirmé*. Si on ne convoque que ceux-ci, on
doit par la même raison n'admettre qu'eux, et dans ce cas
il faut le dire.

Et il y a d'autant plus lieu de l'exiger que rien ne sera plus
facile que de faire remplir cette formalité à ceux qui ne l'auront pas encore remplie, en commençant la séance par l'ap-

pel des créanciers et en faisant affirmer ceux qui ne l'auraient pas encore fait.

Le second paragraphe ne diffère de l'article 516, que par l'adjonction des mots : *s'il a été dispensé du dépôt*; dispense admise par la loi nouvelle, et qui ne l'était pas dans l'ancienne.

508. Le juge-commissaire fera rendre compte par les syndics provisoires de l'état de la faillite, des formalités qui auront été remplies et des opérations qui auront eu lieu ; le failli sera entendu. Le juge-commissaire dressera procès-verbal de ce qui aura été dit et décidé dans cette assemblée.

Cet article correspond aux articles 515 et 518.

On a supprimé la disposition de l'article 517, qui enjoignait au juge-commissaire de vérifier les pouvoirs des fondés de procuration, non pas sans doute dans le but de le décharger de ce soin; mais parce qu'on a pensé qu'il était inutile de prescrire une formalité indispensable toutes les fois qu'il s'agit de faire un acte auquel doit concourir un mandataire.

Le deuxième paragraphe impose, comme l'article 518, au juge-commissaire l'obligation de dresser le procès-verbal. Dans la pratique, le juge-commissaire est toujours assisté d'un greffier qui dresse le procès-verbal. Comme il faut toujours ne prescrire que ce qui peut se pratiquer, je pense qu'il faudrait dire : le juge-commissaire *fera dresser* au lieu de *dressera :* on rentrera ainsi dans les prescriptions de l'article 1040 du Code de procédure civile.

509. Si, à quelque époque que ce soit, avant l'homologation du concordat ou la formation du contrat d'union, le cours des opérations de la faillite se trouve arrêté par insuffisance de l'actif, le tribunal de commerce pourra, sur le rapport du juge-commissaire, prononcer, même d'office, la clôture de la faillite. Ce jugement fera rentrer chaque créancier dans l'exercice de ses actions individuelles, tant contre les biens que contre la personne du débiteur.

Cet article présente une disposition toute nouvelle, et dont les conséquences me semblent extrêmement graves, en ce qu'elles détruiraient entièrement l'esprit d'humanité qui préside à la loi actuelle et que le ministère n'a pas annoncé vouloir réformer.

Il résulte de la loi actuelle que, quand le débiteur s'est mis sous la sauvegarde de la loi au moyen de la faillite, il ne peut plus se trouver de nouveau à la merci de ses créanciers. S'il a trompé ses créanciers, la loi le punit comme banqueroutier frauduleux; mais, quand il a subi sa peine, il n'est plus contraignable par corps, pour le fait de sa dette, si ce n'est au profit de la masse et pour raison de condamnations prononcées par l'arrêt de la Cour d'assises.

S'il a commis des fautes graves, la loi l'atteint comme banqueroutier simple, le punit également de la prison; mais après avoir subi sa peine, il se trouve affranchi de la contrainte par corps.

La Cour de cassation l'a formellement décidé par le motif que la contrainte par corps ne peut être exécutée que comme moyen de coercition, et qu'il serait inhumain d'y soumettre un homme jugé ne rien avoir; car, s'il avait quelque chose et qu'il l'eût caché à ses créanciers, c'est comme banqueroutier frauduleux qu'il faudrait le poursuivre.

Dira-t-on maintenant que le failli jugé honnête homme en faveur duquel la loi prescrit la remise des meubles à son usage personnel et de ses vêtemens, pourrait être poursuivi par corps? Ce serait une inconséquence et de plus une injustice; car s'il n'a rien, s'il a justifié de ses pertes, à quoi servirait la contrainte par corps? Pourquoi ferait-on revivre ce droit de contrainte, par cela seul qu'il n'a pas de quoi faire finir sa faillite?

Cette pénurie, s'il a justifié de ses pertes, le rend encore plus digne de pitié et de commisération. La moralité du failli ne peut dépendre de l'énormité de ses pertes, mais seulement de leur cause.

Il serait donc souverainement inhumain de rendre dans ce cas sa position plus déplorable.

Cet article détruirait entièrement l'effet de l'article 462, qui met à la charge du trésor l'avance des frais de la faillite; quand il y a malheur immérité, la société doit aussi en supporter sa part, et le trésor doit contribuer à terminer les opérations de la faillite, quand même elle ne présente aucun actif réalisable.

510. Pendant un mois, à partir de sa date, l'exécution de ce jugement sera suspendue. Le failli, ou tout autre intéressé, pourra, pendant ce délai, se pourvoir devant le tribunal de commerce pour faire rapporter ce jugement, en justifiant qu'il existe des fonds pour faire face aux frais des opérations de la faillite, ou en faisant consigner entre les mains des syndics une somme suffisante pour y pourvoir.

Cet article est un correctif à l'article 509, mais il ne remédie pas entièrement à ses inconvéniens, que j'ai signalés comme tendant à rendre pire la condition du débiteur le plus malheureux et souvent le moins coupable.

SECTION II.

DU CONCORDAT.

§ 1er De la formation du concordat.

511. Il ne pourra être consenti de traité entre les créanciers délibérans et le débiteur failli, qu'après l'accomplissement des formalités ci-dessus prescrites.

Ce traité ne s'établira que par le concours d'un nombre de créanciers formant la majorité et représentant, en outre, les trois quarts de la totalité des créances admises, vérifiées et affirmées, soit à titre définitif, soit à titre provisionnel, conformément à la section 5 du chapitre 5; le tout à peine de nullité.

Cet article renferme les mêmes dispositions que l'article 519 du Code. La rédaction sur les trois quarts des créances nécessaires est plus nette et exprime la manière de supputer ces trois quarts d'une manière plus claire que l'article 519.

Il serait peut-être bon d'y ajouter : *à l'exception des créances privilégiées*, car celles-ci peuvent aussi avoir été admises, *vérifiées et affirmées* ; et si on les considérait comme devant concourir à la supputation des trois quarts, elles se trouveraient ainsi forcément dans la minorité, puisqu'elles ne peuvent donner droit de délibérer, et empêcheraient par conséquent le concordat.

> 512. Les créanciers hypothécaires inscrits ou dispensés d'inscription et les créanciers nantis d'un gage ou prétendant à un privilége, n'auront pas voix dans les délibérations relatives au concordat, à moins qu'ils ne renoncent à leurs hypothèques, gages ou privilége.

Cet article contient les mêmes dispositions que l'article 520, et de plus, il sanctionne ce qui était déjà généralement admis par la jurisprudence, que le créancier privilégié ou hypothécaire qui renonce au privilége ou à l'hypothèque rentre dans les mêmes droits que tout autre créancier chirographaire. C'est de toute justice.

> 513. Le concordat, s'il est consenti, sera, à peine de nullité, signé séance tenante ; si la majorité en nombre consent au concordat, mais ne forme pas les trois quarts en sommes, la délibération sera remise à huitaine pour tout délai ; dans ce cas, les résolutions prises et les adhésions données lors de la première assemblée, demeureront sans effet.

Cet article reproduit l'article 522. Il y a de plus la dernière phrase qui n'est d'ailleurs que le développement de l'expression, *la délibération sera remise à huitaine :* dans l'usage également on l'exécutait ainsi, et on reprenait les votes à la huitaine. Mais il me semble que l'on pourrait, en permettant aux votans de changer d'avis, conserver au concordat les votes favorables quand les créanciers ne se rendraient pas à la deuxième réunion ; car le concordat produit plus que le contrat d'union, et il y a intérêt à le favoriser. Il arrive souvent que les créanciers qui ont voté pour le concordat lors de la première délibération négligent de revenir à la huitaine, et leur absence peut faire manquer le concordat.

Les opposans n'ont pas besoin de se déranger, puisque leur absence compte comme vote négatif. C'est un grand avantage qu'on donne à l'opposition sur l'intérêt véritable de la majorité.

Si lors de la confection des lois, les voix des députés absens comptaient contre la loi , elle serait rarement admise.

514. Si le failli a été condamné comme banqueroutier simple ou frauduleux, ou si une instruction en banqueroute simple ou frauduleuse est commencée contre lui par le ministère public, le concordat ne pourra être formé. Dans le cas où une instruction en banqueroute aurait été commencée, les créanciers seront convoqués à l'effet de décider s'il sera sursis à délibérer sur un concordat jusqu'après l'issue des poursuites. Ce sursis ne pourra être prononcé qu'à la majorité en nombre et en sommes déterminée par l'art. 511. Si, à l'expiration du sursis, il y a lieu à délibérer sur le concordat, les règles établies par le précédent article seront applicables aux nouvelles délibérations.

Cet article correspond à l'article 521 ; mais il est mieux en ce qu'il est plus positif.

L'article 522 disait : « si l'examen des actes, livres ou papiers du failli donne quelques présomptions de banqueroute, il ne pourra être fait aucun traité entre le failli et ses créanciers.

Maintenant il faut non-seulement présomption, mais instruction commencée. La plainte seule n'empêcherait pas.

L'article du projet contient, en outre, une disposition nouvelle : c'est le sursis prononcé par les créanciers à la majorité exigée pour le concordat.

Toutes les fois que les créanciers seront appelés à statuer eux-mêmes sur ce qui les intéresse, il me semble qu'il n'y a rien de plus à désirer.. C'est l'application du grand principe de la majórité , qui doit aujourd'hui régler toute communauté d'intérêts.

> 515. Les créanciers opposans au concordat seront tenus de faire si-
> gnifier leurs oppositions aux syndics provisoires et au failli dans
> la huitaine pour tout délai ; pareille signification sera faite au
> juge-commissaire en la personne du greffier du tribunal de com-
> merce.

Cet article reproduit l'article 523. Il contient de plus la signification de l'opposition au juge-commissaire, afin d'éviter, sans doute, que les syndics et le failli ne s'entendent pour ne pas communiquer les oppositions au juge-commissaire, et faire homologuer le concordat malgré ces oppositions. Mais peut-on supposer que des syndics se missent dans ce cas ? Cela n'est guère probable.

On pourrait faire à cet article une addition utile : ce serait de dire que l'opposition contiendra assignation ; cela abrégerait les détails, car l'opposition forcera les syndics à assigner les opposans. Il en résulterait de nouveaux frais qu'on peut éviter en exigeant que l'opposition contienne assignation.

> 516. Le traité sera, à la diligence des syndics, soumis à l'homo-
> logation du tribunal de commerce dans la huitaine du jugement
> sur les oppositions.
> Si les syndics laissent passer ce délai, le juge-commissaire pourra,
> d'office, provoquer le jugement de l'homologation.
> Le failli aura le même droit.

Cet article correspond au commencement de l'article 524, sauf que cet article ne disait pas qui pourrait provoquer l'homologation, ce qui en laissait le droit à quiconque y avait intérêt, et sous ce rapport, il y avait plus dans l'ancienne loi que dans la nouvelle. Mais cependant, si l'usage avait pu permettre au failli de requérir l'homologation, il faut convenir que c'était perdre de vue que le failli était encore dessaisi de l'administration de ses biens. Pour le relever de ce dessaisissement, une disposition légale était nécessaire, et il doit pouvoir exercer ce droit, au refus des syndics de le faire.

517. Dans tous les cas, avant qu'il soit statué sur l'homologation, le juge-commissaire fera au tribunal de commerce un rapport sur le caractère de la faillite et sur l'admissibilité du concordat.

La disposition de cet article n'existe pas explicitement dans le Code, mais elle s'y trouve implicitement comme dans la loi nouvelle, puisqu'en matière de faillite, aucun jugement ne peut être rendu que sur le rapport du juge-commissaire (article 451 de la loi nouvelle, article 458 du Code). Aussi, dans la pratique actuelle, tout jugement d'homologation est rendu sur l'avis du juge-commissaire.

518. En cas d'inobservation des règles ci-dessus prescrites, ou lorsque des motifs tirés soit de l'intérêt public, soit de l'intérêt des créanciers, paraîtront de nature à empêcher le concordat, le tribunal en refusera l'homologation.

S'il accorde l'homologation, le tribunal pourra déclarer le failli excusable et susceptible d'être réhabilité aux conditions exprimées au titre ci-après de la réhabilitation.

Cet article répond à l'article 526. Il y a de notables changemens.

L'article 526 ne donnait au tribunal la faculté de refuser l'homologation que pour cause d'inconduite ou de fraude, et dans ce cas, le failli était renvoyé devant les tribunaux compétens, en prévention de banqueroute.

Aujourd'hui, il suffira de motifs tirés de l'intérêt public ou de l'intérêt des créanciers, pour que le tribunal refuse l'homologation, sans qu'il soit pour cela forcé de renvoyer le failli en prévention de banqueroute.

On a pensé sans doute que le tribunal se trouvait lié par cette obligation, et qu'il était souvent dans la nécessité d'homologuer un concordat pour éviter de mettre le failli en prévention.

Mais par quels motifs le tribunal pourrait-il refuser l'homo-

5

logation, par des motifs tirés de l'intérêt public, ou de celui des créanciers ?

Quant à l'intérêt public ce ne peut être qu'un intérêt moral ; il n'y a que les cas d'inconduite ou de fraude du failli, qui pourraient y porter atteinte. La rédaction du Code avait l'avantage d'être plus positive, et la mise en prévention du failli était une conséquence forcée du refus d'homologation. Quant à l'intérêt des créanciers, ce sont eux qui sont les juges compétens ; ils ont prononcé sur ce point en dernier ressort à une majorité représentant les trois quarts du passif. Dira-t-on que le tribunal peut avoir appris qu'il y a eu des votes achetés ? mais un tribunal ne peut savoir les choses à demi ; la fraude existe ou n'existe pas : s'il y a fraude, point d'homologation, et renvoi du coupable devant le procureur du roi ; s'il n'y a pas de fraude, pourquoi le tribunal refuserait-il l'homologation ?

La rédaction du second paragraphe présente un changement qui est bien plus grave.

L'article 526 disait : *s'il accorde l'homologation, le tribunal déclarera le failli excusable.*

La nouvelle loi dit : *pourra déclarer.*

Ainsi, il pourra y avoir homologation, et le failli n'être pas déclaré excusable. C'est un correctif puissant et bien suffisant pour laisser au tribunal la latitude de punir le failli sans annuler le concordat qu'on ne peut réellement refuser d'homologuer que pour inobservation des formes et pour inconduite ou fraude du failli, c'est-à-dire, pour les cas de banqueroute simple ou frauduleuse.

Quant à la réhabilitation, je renvoie à m'en expliquer aux dispositions spéciales qui la concernent.

§ II. *Des effets du concordat.*

519. L'homologation du concordat le rendra obligatoire pour tous les créanciers vérifiés ou non vérifiés, connus ou inconnus, et même pour les créanciers domiciliés hors du territoire continental de la France, ainsi que pour ceux qui, en vertu de l'art. 503,

auraient été admis provisionnellement à délibérer , quelle que soit
la somme que le jugement définitif leur attribuerait ultérieure-
ment.

L'homologation conservera à chacun des créanciers, sur les immeubles du failli, l'hypothèque inscrite en vertu de l'art. 492 ci-dessus. A cet effet, les syndics feront inscrire aux hypothèques le
jugement d'homologation , à moins qu'il n'en ait été décidé autrement par le concordat.

Cet article développe le principe exprimé par l'article 524
du Code , qui s'était contenté d'énoncer que l'homologation
rendait le concordat obligatoire *pour tous les créanciers.* L'adjonction des mots connus ou inconnus a sans doute pour but
de rendre le concordat obligatoire , même pour les créanciers qu'on aurait omis d'appeler à la faillite.

Il n'est pas sans exemple que des créanciers aient profité
de cet oubli, pour prétendre qu'ils n'étaient pas liés par le concordat. D'après la loi nouvelle , cette prétention serait inadmissible.

Le second paragraphe énonce la même disposition que
celle qui termine l'article 524 du Code. Il n'y a rien à observer sur cette garantie des conventions du concordat maintenue par la loi nouvelle.

520. Aucune action en nullité du concordat , pour quelque cause
que ce soit, ne sera recevable après l'homologation.

A dater de l'homologation, aucune action en banqueroute simple ne
pourra plus être intentée.

Le premier paragraphe de cet article contient une disposition qui résultait implicitement de l'article 523 du Code , et
qui, dans la loi actuelle , résulte aussi implicitement de l'article 515, qui indique les moyens d'attaquer le concordat par
la voie de l'opposition à l'homologation.

La nouvelle loi a cru devoir consacrer ce principe qu'elle
a trouvé établi par la jurisprudence, et c'est une précaution
à laquelle on ne peut qu'applaudir.

Mais il reste encore la voie de l'appel du jugement qui homologue.

Quant au second paragraphe de l'article, il établit un principe qui n'existait nullement, c'est la prescription de toute action en banqueroute simple.

La banqueroute simple résultant de faits qui doivent être nécessairement connus, quand on procède à la délibération du concordat, et qu'on peut faire valoir pour s'opposer à son homologation, il est bien de proscrire cette action quand le concordat est homologué.

Quant à l'action en banqueroute frauduleuse, elle se trouve réservée implicitement; et effectivement elle peut résulter même des connivences du failli et de quelques créanciers pour arriver au concordat.

> 521. Aussitôt après que le jugement d'homologation sera passé en force de chose jugée, les syndics provisoires rendront leur compte définitif au failli, en présence du juge-commissaire. Ce compte sera débattu et arrêté; ils lui remettront l'universalité de ses biens, ses livres, papiers et effets.
>
> En cas de contestation, le tribunal de commerce prononcera.
>
> Le failli donnera décharge, les fonctions du juge-commissaire et des syndics cesseront, et il sera dressé de tout procès-verbal par le juge commissaire.

Cet article correspond à l'article 525 : il en diffère en ce qu'il n'énonce pas la nécessité de la signification, qui effectivement ne sera nécessaire qu'en cas d'opposition pour faire courir le délai.

Le reste de l'article 521 est semblable à l'article 525, et peut donner lieu à plusieurs observations, car cet article a fait naître bien des réclamations.

D'abord, dans le ressort de plusieurs tribunaux de commerce, on s'est abstenu pendant long-temps de rendre le compte voulu par cet article. A Paris même, il a fallu une circulaire spéciale du président du tribunal pour en réclamer l'exécution. Beaucoup de faillis, leurs syndics et le juge-commissaire regardaient la faillite terminée par l'homologation du concordat.

Les syndics négligeant de rendre leur compte, les faillis n'osaient le réclamer, et il se trouve beaucoup de syndics d'anciennes faillites, qui n'ont point leur décharge, et beaucoup de faillis qui sont encore dans les liens de la faillite, puisque le compte seul les en délivre.

Il me semble qu'il serait urgent de décider ce point longtemps et encore controversé : la faillite cesse-t-elle par le jugement d'homologation ou par le procès-verbal de reddition de compte ?

C'est un jugement qui, en déclarant la faillite ouverte, a prononcé virtuellement l'incapacité du failli, (et on voudra bien se rappeler que nous avons demandé à cet égard, qu'il fût plus explicite que la loi actuelle ne l'exige); c'est donc un jugement qui doit prononcer la cessation de cette incapacité : il me semble que le jugement qui homologue devrait dire que le failli est remis à la tête de ses biens, et que les fonctions des syndics et commissaires ont cessé.

Cette décision n'empêcherait nullement les syndics de rendre compte devant le juge-commissaire, et cela dans le plus bref délai ; mais il faut qu'ils puissent y être contraints s'ils s'y refusent, et pour cela il faut que le failli, ressaisi de l'administration de ses biens, droits et actions, puisse leur faire sommation de rendre le compte s'ils n'y consentent à l'amiable.

C'est une modification que réclameront tous ceux qui savent combien il est difficile d'obtenir le compte des syndics. L'incapacité des faillis doit cesser par l'homologation, et non être prolongée à la volonté des syndics; ce qui a lieu maintenant, puisque leurs fonctions sont maintenues jusqu'à la reddition de leur compte.

§ 3. *De l'annulation ou de la résolution du concordat.*

522. La condamnation pour banqueroute frauduleuse intervenue après l'homologation du concordat, l'annule de plein droit.

En cas d'inexécution par le failli des conditions de son concordat, la résolution de ce traité pourra être poursuivie devant le tribunal de commerce.

Cette disposition est nouvelle, mais je crois qu'elle ne fait que constater ce qui résultait implicitement d'une condamnation en banqueroute frauduleuse postérieure au concordat. Il vaut mieux que le principe soit établi, car il est certain que les créanciers n'ont traité avec le failli que parce qu'ils ont cru à sa probité, et qu'ils ont balancé ses promesses avec les ressources qu'ils lui connaissaient, et préféré les premières. Si donc ils étaient dans l'erreur sur ces ressources, si le failli en avait dissimulé une partie, si enfin il avait trompé d'une manière quelconque ses créanciers, il est juste que le traité fait avec lui soit annulé.

Quant à l'inexécution, la condition résolutoire est presque toujours insérée au concordat ; si elle ne l'était pas, nul doute que chaque créancier pourrait, même sans une disposition spéciale de la loi, demander la résolution du traité comme conséquence de l'infraction du failli à ses engagemens.

Ce second paragraphe ne fait donc que confirmer aux créanciers une action qu'ils tenaient du droit commun.

523. Sur la représentation de l'ordonnance de la Chambre du conseil qui renverra le failli en prévention de banqueroute frauduleuse devant la Chambre des mises en accusation, ou par le même jugement qui prononcera la résolution du concordat pour inexécution des conditions, le tribunal de commerce, sur la demande des parties intéressées, nommera un juge-commissaire et pourra prescrire telles mesures conservatoires qu'il jugera convenables.
Son jugement sera affiché et publié conformément à l'art. 441.

524. Si dans le délai d'un mois à partir de l'affiche ordonnée par l'article précédent, il ne se présente aucun créancier du failli postérieur à l'homologation du concordat, les opérations de la faillite seront reprises d'après les derniers erremens.
Le juge-commissaire convoquera les créanciers à l'effet de procéder à la nomination des syndics définitifs.

Ces deux articles contiennent des dispositions qui sont la conséquence des précédentes.

Si le concordat est annulé par suite d'inexécution des obligations du failli, et qu'il ne se présente pas de nouveaux créanciers, nous concevons très-bien la nomination du juge-commissaire et la reprise de la faillite sur les derniers erremens; mais nous ne pouvons admettre qu'il en résulte *de plano* un état d'union des créanciers; car il peut y avoir des motifs d'excuse légitimes, et les créanciers eux-mêmes peuvent avoir intérêt à ce qu'il y ait un nouveau concordat.

Ce serait traiter le failli plus sévèrement s'il n'a pas fait de nouvelles dettes que s'il en avait fait, puisque nous verrons que dans ce cas, une seconde faillite sera ouverte, et que cette faillite pourra se terminer par un concordat.

Mais s'il n'y a que mise en prévention de banqueroute, nous ne concevons pas la nomination d'un juge-commissaire, encore moins la nomination de syndics définitifs.

Remarquez que dans le cas prévu, le concordat est homologué, et qu'il y a présomption légale résultant de la chose jugée en faveur du failli. Et vous voulez que par suite d'une simple mise en prévention la chose jugée soit détruite? c'est inadmissible. L'effet de la chose jugée ne peut être détruit que par un jugement postérieur, et il n'y a que l'arrêt de la Cour d'assises qui puisse, comme l'a prévu l'art. 522, annuler le concordat.

Si encore on se bornait dans ce cas à des mesures conservatoires, peut-être pourrait-on les admettre; mais des mesures définitives, mais l'affiche de ces mesures, mais la nomination des syndics définitifs, ne peuvent avoir lieu qu'après l'arrêt de condamnation.

Et encore on pourrait dire contre les mesures conservatoires qu'il est dangereux d'introduire un droit exceptionnel à tous les principes de notre législation qui veulent qu'on respecte la chose jugée, pour le cas fort rare où un failli sera mis en prévention de banqueroute, postérieurement à son concordat.

Ainsi les art. 523 et 524 devraient être ainsi réformés :

---

523. Sur la représentation de l'arrêt qui aura condamné le failli comme banqueroutier frauduleux, le tribunal de commerce, sur la demande des parties intéressées, prononcera l'annulation du concordat, et nommera un juge-commissaire, et pourra prendre telles mesures conservatoires qu'il jugera convenables.

Son jugement sera affiché et publié conformément à l'art. 441, avec avis aux créanciers postérieurs au concordat, de produire dans le mois leurs titres au greffe.

A l'expiration de ce délai, le juge-commissaire fera convoquer les anciens créanciers et les nouveaux pour procéder à la nomination des syndics définitifs.

524. Par le même jugement qui prononcera la résolution du concordat, pour inexécution des conditions, le tribunal de commerce nommera un juge-commissaire et des syndics provisoires pour reprendre la faillite sur les derniers erremens, s'il n'y a pas de nouveaux créanciers; ou, dans ce dernier cas, procéder aux formalités d'une nouvelle faillite.

---

525. S'il se présente des créanciers postérieurs à l'homologation du concordat, une seconde faillite sera ouverte conformément aux règles générales prescrites par le présent titre.

Mes observations sur les deux articles précédens me dispensent d'en faire sur celui-ci, qui deviendrait inutile si on adoptait la rédaction que j'ai proposée.

526. Les créanciers de la précédente faillite rentreront dans l'intégralité de leurs droits à l'égard du failli seulement, mais ils ne pourront figurer dans la masse de la nouvelle faillite que dans les proportions suivantes, savoir :

S'ils n'ont touché aucune part du dividende, ou s'ils font le rapport du dividende par eux touché, pour l'intégralité de leurs créances;

S'ils ont reçu une partie de leurs dividendes, et s'ils n'en font point le rapport, pour la portion de leurs créances primitives correspondant à la portion du dividende qu'ils n'auront pas touchée.

Cet article paraît n'avoir pas prévu le cas où, malgré l'inexécution d'un premier concordat, un second serait fait

avec le failli. Cela semble résulter de la disposition qui réserve aux créanciers de la première faillite tous leurs droits
contre leur débiteur, et ne les restreint qu'à l'égard de la
masse, ce qui ne peut avoir lieu qu'en cas de contrat d'union.

Cependant rien n'empêche, comme nous l'avons dit, que
la seconde faillite se termine par un concordat; puisque l'inexécution du premier n'est pas rigoureusement un cas de
banqueroute simple, à plus forte raison ne peut-il être un
motif d'empêchement à un deuxième concordat. Mais il serait peut-être nécessaire de prévoir ce cas, et de ne réserver
les droits des créanciers de la précédente faillite contre leur
débiteur, qu'en ajoutant le correctif, à moins *que celui-ci*
n'obtienne un nouveau concordat.

Quant aux droits de ces mêmes créanciers dans la masse
de la nouvelle faillite, il me semble assez juste qu'ils éprou-
vent la réduction énoncée dans cet article ; car les nouveaux
créanciers ont traité avec le failli, dans la prévision qu'il
n'avait d'autres dettes que ses dividendes, et ils seraient lésés
si les premiers créanciers reprenaient l'intégralité de leurs
droits. Ceux-ci ne peuvent se plaindre de voir leurs droits
diminués proportionnellement à la réduction à laquelle ils ont
consenti par le premier concordat.

SECTION III.

De l'union des créanciers.

527. S'il n'intervient pas de concordat, les créanciers seront de
plein droit en état d'union.
Ils procéderont immédiatement à la nomination d'un ou plusieurs
syndics définitifs. Cette nomination aura lieu à la majorité individuelle des créanciers votans.

Cet article correspond à l'art. 527 du Code.
Il en diffère en ce que dans le Code les créanciers devaient
se constituer en état d'union, tandis que maintenant ils le seront *ipso facto.*

De plus, l'article du Code prescrivait de nommer un caissier, ce qui est inutile puisque la loi nouvelle exige le dépôt des sommes à la caisse des consignations.

Il enjoignait aussi aux syndics définitifs de recevoir le compte des syndics provisoires, ce qui se trouve maintenant prescrit par l'art. 531.

> 528. Lorsqu'une société de commerce sera en faillite, les créanciers pourront ne consentir de concordat qu'en faveur d'un ou de plusieurs associés.
>
> En ce cas, tout l'actif social demeurera sous le régime de l'union.
>
> Les biens personnels de ceux avec lesquels le concordat aura été consenti en seront exclus, et le traité particulier pris avec eux ne pourra contenir l'engagement de payer un dividende que sur des valeurs étrangères à l'actif social.
>
> L'associé qui aura obtenu un concordat particulier sera déchargé de toute solidarité. Il sera subrogé contre ses co-associés aux droits des créanciers pour la part dont le dividende par lui payé en dehors de l'actif, aura diminué la dette sociale.

La subrogation résultant du dernier paragraphe me paraît inadmissible : pour en faire ressortir l'iniquité, nous allons exposer un exemple :

A. et B. sont associés, ils doivent 100,000 fr., et n'en ont que 50,000, ils sont en faillite.

Les créanciers font concordat avec A., qui s'engage à leur payer 10,000 fr.; ils le déchargent de toute solidarité, et le subrogent pour autant contre le co-associé.

Il y a contrat d'union à l'égard de B.

Les créanciers touchent de l'union A. et B. . . . . . 50,000 fr.

Ils ont touché ou toucheront de A. . . . . 10,000 fr.

$$\overline{}$$

60,000 fr.

Ils n'ont à demander à B. que 40,000 fr., mais A. est subrogé à leur droit pour 10,000 fr., et peut les exiger de B.

Si le contrat d'union de B. donne 50 pour 100, il paiera de fait aux créanciers de la société A. et B. 12,000 fr., et 5000 f.

à son co-obligé A. , qui ainsi n'aura déboursé que 7,000 fr. tandis que son co obligé en paiera réellement 15,000.

On voit que cette subrogation est injuste.

Il me semble que quand il y a plusieurs associés , et qu'il plaît aux créanciers de traiter avec l'un ou l'autre , ils ne le peuvent faire que pour la portion virile due par l'associé avec lequel ils traitent. Ainsi dans l'espèce , le traité fait avec A. décharge B. de la moitié de ce qui reste dû par la société après la réalisation de l'actif social. Si , comme dans l'espèce , cette réalisation a produit 50,000 fr. , on ne peut plus tard demander à B. que 25,000 fr. ; et A. , qui n'a pas payé plus que sa portion virile , ne peut être subrogé en rien contre lui.

Disons donc qu'en cas de faillite d'une société on ne peut faire concordat avec l'un des associés qu'en renonçant à la solidarité contre les autres associés qui ne doivent plus être tenus que pour leur part et portion , et qu'il n'y a lieu à subrogation qu'autant que l'associé concordataire paierait , par son traité particulier avec les créanciers de la société , au-delà de sa portion virile de la dette commune, et pour cet excédant seulement.

529. Les syndics définitifs représentent la masse des créanciers et sont chargés de procéder à la liquidation.

Néanmoins, les créanciers pourront leur donner mandat pour continuer l'exploitation de l'actif.

La délibération qui leur conférera ce mandat en déterminera l'étendue et la durée, et fixera les sommes qu'ils pourront garder entre leurs mains pour pourvoir aux frais et dépenses.

La voie de l'opposition sera ouverte, contre cette délibération, au failli et aux créanciers dissidens.

On pourrait induire de la première phrase de cet article , que les syndics provisoires ne représentent pas la masse des créanciers. Ce serait une idée fausse, et par conséquent il y a lieu de changer la rédaction de cet article , ou plutôt de supprimer les mots : *représentent la masse des créanciers*.

La différence de leurs fonctions avec celles des syndics provisoires, c'est qu'ils sont chargés de procéder à la liquidation.

Ainsi, il est bien constant que le mandat qu'ils tiennent de la loi, c'est de liquider, c'est-à-dire vendre, payer et répartir le surplus aux créanciers; ils ne peuvent rien faire de plus sans un mandat spécial.

La loi ne dit pas à quelle majorité ce mandat leur sera donné: alors c'est à la majorité individuelle des créanciers présens; il serait mieux de le dire.

La loi ne dit pas non plus dans quel délai devront être formées les oppositions, et comment il sera statué sur leur mérite : c'est encore une lacune à remplir.

530. Lorsque les opérations des syndics définitifs entraîneront des engagemens qui excéderaient l'actif de l'union, les créanciers qui auront autorisé ces opérations seront seuls tenus personnellement au-delà de leur part dans l'actif: ils contribueront au prorata de leurs créances.

Cette disposition nouvelle a pour but d'éviter l'inconvénient grave des exploitations confiées aux syndics définitifs, et qui entraînent quelquefois les unions de créanciers dans des dépenses qui surpassent les bénéfices, et constitueraient l'union en faillite si les créanciers n'étaient pas forcés d'y contribuer au prorata de leurs créances.

Mais est-il juste que les conséquences du mauvais succès des exploitations confiées aux syndics, soient supportées uniquement par ceux des créanciers qui les ont autorisés?

Quels sont les créanciers qui voudront dorénavant s'exposer à ces conséquences?

Et pourquoi n'en pas revenir au principe de la majorité exigée pour le concordat, et ne permettre aux syndics de s'écarter du mandat légal que par une délibération de la majorité en nombre des créanciers représentant au moins les trois quarts des créances?

Dans ce cas, il y a une grande présomption que le parti adopté est conforme à l'intérêt général, et il faut que la minorité s'y soumette et en subisse toutes les conséquences :

c'est la loi de toute communauté d'intérêts. Mais comme personne ne peut être forcé de rester dans une communauté d'intérêts malgré lui, il faut laisser à chacun des membres de la minorité le droit d'y renoncer et de se soustraire, par ce moyen, à tout appel de fonds.

531. Les syndics définitifs recevront le compte des syndics provisoires en présence du juge-commissaire.

On voit que, dans la loi nouvelle comme dans le Code, le failli n'a pas, en cas de contrat d'union, le droit d'examiner le compte des syndics provisoires, parce que sans doute on pense que, tout son avoir appartenant à ses créanciers, il n'a plus aucun intérêt dans l'administration de sa fortune.

Telle est du moins l'opinion que semble donner l'art. 531, et toutes les dispositions qui règlent l'union des créanciers. Mais cette opinion est-elle bien saine?

Le failli ne peut-il pas, malgré le contrat d'union, être déclaré excusable et réhabilité? dans ce cas, n'a-t-il pas intérêt à ce que ses créanciers reçoivent le plus possible, pour avoir ensuite moins à leur payer? Pourquoi donc l'éloigner de ce compte, lorsque surtout, par l'art. 536, la loi l'appelle au compte rendu par les syndics définitifs? A cette époque, il lui serait difficile de faire des réclamations utiles contre l'administration de ses syndics provisoires.

Il devrait donc être admis à cette reddition de compte, et il faudrait ajouter à cet article : *en présence du failli, ou lui dûment appelé.*

532. Ils poursuivront, en vertu de la délibération qui les aura nommés et sans autres titres, la vente des immeubles du failli, celle de ses marchandises et effets mobiliers, et la liquidation de ses dettes actives et passives, le tout sous la surveillance du juge-commissaire et sans qu'il soit besoin d'appeler le failli.

Ils pourront transiger sur les droits et actions mobiliers et immobiliers de la faillite, en se conformant aux règles prescrites par l'art. 485 ci-dessus.

Cet article correspond à l'art. 528 du Code. On y ajoute le dernier paragraphe qui consacre un droit déjà reconnu par la coutume, et qu'il importait de confirmer pour faciliter les transactions si nécessaires dans tous les cas.

Ce que nous avons dit sur l'article précédent s'applique à celui-ci. Le failli a intérêt à ce que sa liquidation soit le plus avantageuse possible à ses créanciers, puisqu'il leur devra d'autant moins; donc il doit être présent ou appelé à toutes les opérations de sa liquidation. L'art. 536 lui réserve bien le droit de discuter le compte des syndics définitifs, mais il vaut mieux qu'il prévienne les malversations ou négligences des syndics que d'avoir à s'en plaindre lors du compte.

533. Les créanciers en état d'union sont convoqués au moins une fois par an par le juge-commissaire.

Dans ces assemblées, les syndics devront rendre compte de leur gestion.

Les créanciers continueront les syndics dans l'exercice de leurs fonctions, ou procéderont à leur remplacement. Le juge-commissaire pourra en outre, toutes les fois qu'il le jugera convenable, convoquer les créanciers.

Ces dispositions sont nouvelles. Ces convocations ordonnées mettront les créanciers à même de connaître les affaires de l'union, et de révoquer les pouvoirs des syndics.

Il est vrai que la plupart des créanciers ne se dérangeront pas, mais au moins ils n'auront pas droit de se plaindre si leurs droits sont compromis, puisqu'ils auront négligé d'y veiller.

Le failli devrait être aussi convoqué pour faire lui-même ou par mandataire ses observations sur la gestion des syndics définitifs. C'est la conséquence de ce que nous avons dit plus haut.

534. Dans tous les cas les syndics, sous l'approbation du juge-commissaire, remettront au failli et à sa famille les vêtemens, hardes et meubles nécessaires à l'usage de leurs personnes, après avoir dressé l'état des objets remis.

Cette disposition renferme celle que contient l'art. 529 du Code; elle repose sur un principe d'humanité trop respectable pour être contesté.

555. Lorsqu'il n'existera pas de poursuite en banqueroute, le failli pourra obtenir, à titre de secours alimentaire, une somme sur l'actif de sa faillite. Les syndics en proposeront la quotité, qui sera définitivement fixée par le tribunal sur le rapport du juge-commissaire.

Cet article correspond à l'art. 530. Il contient le même principe, mais présente moins de développement sur les bases de la décision à prendre par le tribunal pour fixer le montant du secours. La détermination de ces bases était superflue : le tribunal prendra les motifs de sa décision nécessairement dans les circonstances de la faillite.

Nous devons cependant signaler l'adjonction du mot *alimentaire* à celui de secours que contenait le Code. En ne déterminant pas la nature du secours, la loi laissait plus de latitude au juge. Ce secours pouvait, dans certaines circonstances, avoir pour but de fournir au failli un peu plus que des alimens, peut-être quelques moyens de se rétablir. Il faut quelquefois si peu de chose pour aider un homme à se sauver de la misère! En réduisant le secours au sens que lui donne le mot alimentaire, on restreint l'humanité de la loi qui nous régit en ce moment.

556. Lorsque la liquidation de la faillite sera terminée, l'union des créanciers sera convoquée par le juge-commissaire.
Dans cette dernière assemblée, les syndics définitifs rendront leur compte. Le failli sera présent ou dûment appelé à cette reddition de compte.
Les créanciers donneront leur avis sur l'excusabilité du failli; il sera dressé à cet effet un procès-verbal dans lequel chacun des créanciers pourra consigner ses dires et observations.
Après la clôture de cette assemblée, l'union sera dissoute de plein droit.

Cet article reproduit l'art. 562 du Code pour ce qui concerne la fin de l'union ; mais il contient un principe nouveau auquel nous ne pouvons qu'applaudir en regrettant qu'on ne lui ait pas donné plus de développement. Il appelle les créanciers eux-mêmes à délibérer sur la question de savoir si leur débiteur est excusable ; ce qui, auparavant, était laissé à la seule appréciation du tribunal. Il est vrai qu'on réserve au tribunal, par l'article suivant, le droit d'approuver ou de rejeter l'excusabilité ; mais enfin, on a senti cependant que les créanciers sont les meilleurs appréciateurs de ce fait, et le tribunal aura probablement rarement l'occasion d'infirmer leur avis.

Quant à la faculté laissée à chaque créancier de consigner ses observations, on n'en sent pas la nécessité. D'abord, par esprit d'équité, il faudrait permettre au failli de consigner ses réponses : ce serait bien long ; et puisque le tribunal est appelé à prononcer sur l'avis des créanciers, rien n'empêche que les créanciers soutiennent leur opinion devant le tribunal et que le failli y réponde : ce sera un moyen plus sûr d'éclairer le tribunal. A l'époque où la faillite se trouve arrivée, le failli n'a rien à craindre de la publicité, il aurait au contraire à redouter une dénonciation restée sans réponse.

> 537. Le juge-commissaire présentera au tribunal la délibération de créanciers relative à l'excusabilité du failli, et un rapport sur les caractères et les circonstances de la faillite.
>
> Le tribunal prononcera si le failli est ou non excusable et susceptible d'être réhabilité.

Cet article correspond à l'article 531 du Code qui n'admettait pas la délibération des créanciers sur la question d'excusabilité et la laissait entièrement à la décision du tribunal.

Le juge-commissaire est l'organe naturel de toutes les communications entre les créanciers et le tribunal, et si l'on ne veut pas admettre de débat public sur cette question, on peut laisser au juge-commissaire le soin de transmettre les observations des créanciers et les réponses du failli sans les consigner sur un procès-verbal qui conserverait fort inutilement les reproches des créanciers.

Dans notre système sur la réhabilitation, nous voudrions que les créanciers fussent également appelés à donner leur avis sur les conditions de la réhabilitation. Mais nous renvoyons ce que nous aurions à dire sur ce point au titre de *la réhabilitation*.

538. Si le failli n'est pas déclaré excusable, les créanciers rentreront dans l'exercice de leurs actions individuelles, tant contre sa personne que sur ses biens.

S'il est déclaré excusable, il demeurera affranchi de la contrainte par corps à l'égard de tous les créanciers de sa faillite et ne pourra plus être poursuivi par eux que sur ses biens.

Cet article présente une disposition nouvelle.

La jurisprudence avait en quelque sorte consacré que le dessaisissement, résultant de l'article 527 du Code, entraînait de plein droit la décharge de la contrainte par corps.

En effet, disait-on, la contrainte par corps ne peut, en matière civile, être considérée comme une peine, mais uniquement comme moyen de coercition.

Quand donc, par suite des opérations de la faillite, on a connu toutes les ressources du failli et qu'on ne traite pas avec lui; si les créanciers s'emparent de son actif, quel résultat peut alors produire la contrainte par corps? Si le failli a des biens cachés, c'est un cas de banqueroute frauduleuse; attaquez-le par la voie criminelle, mais ne venez pas, sans preuve, le persécuter quand vous vous êtes emparé de tout son avoir.

Mais il n'est pas excusable.

Il peut n'être pas excusable, et cependant n'être pas non plus déclaré banqueroutier simple. S'il était déclaré banqueroutier simple, il subirait sa peine comme tel; cette peine subie, la vindicte publique serait satisfaite; et, dans ce cas, les créanciers ne pourraient pas davantage exercer la contrainte par corps; la Cour de cassation a consacré cette

6

jurisprudence. Pourquoi le failli serait-il puni plus sévèrement quand il est seulement déclaré *non excusable ?*

L'affranchissement de toute contrainte par corps me paraît
devoir être le résultat inévitable de toute faillite, à moins que,
dans les limites de la loi, les juges n'aient ajouté cette peine
comme conséquence de leur condamnation.

> 539. Ne pourront être déclarés excusables : les banqueroutiers frau-
> duleux, les stellionataires, les personnes condamnées pour faits
> de vol ou escroquerie, les comptables de deniers publics.
> Ne seront point affranchis de la contrainte par corps par la décla-
> ration d'excusabilité, les étrangers non domiciliés en France, les
> tuteurs, les administrateurs, les dépositaires.

La disposition du deuxième paragraphe, applicable aux
étrangers, est juste, parce qu'on ne peut connaître leurs
ressources d'une manière certaine, et qu'il faut laisser contre
eux ce moyen de coercition.

> 540. Aucun débiteur commerçant ne sera recevable à demander de-
> vant le tribunal civil son admission au bénéfice de cession.

Cette disposition nouvelle me semblerait juste si dans la loi
projetée comme dans l'ancienne, le dessaisissement résultant de la faillite remplaçait l'effet de la cession de biens, qui
n'a d'autre but que d'affranchir le débiteur de la contrainte
par corps et d'assurer à ses créanciers la répartition de son
actif. Dans ce cas, il est naturel que le débiteur commerçant
soit forcé de recourir aux lois exceptionnelles du commerce
plutôt qu'à la cession de biens par la voie civile, puisque,
par sa position, il appartient à la juridiction commerciale.

Mais si on laisse subsister la disposition exprimée dans
la loi nouvelle, article 538, qui réserve aux créanciers la
contrainte par corps, il y a lieu de réclamer pour lui l'admission au bénéfice de cession, sauf les exceptions stipulées
dans le Code.

CHAPITRE VII.

DES DIFFÉRENTES ESPÈCES DE CRÉANCIERS ET DE LEURS DROITS EN CAS DE FAILLITE.

541. Le créancier porteur d'engagemens souscrits, endossés ou garantis solidairement par le failli ou d'autres co-obligés qui sont en faillite, participera aux distributions dans toutes les sommes et y figurera pour la valeur nominale de son titre jusqu'à parfait paiement.

Cette disposition répète celle de l'article 534, son application ayant toujours paru équitable. Mais, en la maintenant, n'y aurait-il pas lieu de faire observer que le créancier qui se trouve avoir ainsi des reprises à exercer dans plusieurs masses se trouve, à l'égard des créanciers qui n'ont d'autre débiteur que le failli, dans une position privilégiée qui ne devrait pas leur permettre de venir concourir, soit à la majorité pour accorder au failli des remises dont il n'aurait pas à subir les conséquences, s'ils peuvent être payés par d'autres co-obligés ; soit à la minorité, pour s'opposer à un concordat qui leur importe peu, également à cause de ce qu'ils peuvent recevoir d'un autre côté.

Si on refuse aux créanciers privilégiés le droit de délibérer sur le concordat, le créancier qui a plusieurs co-obligés ne devrait-il pas aussi, par analogie, être exclu de la délibération ?

D'autant plus que le projet de loi propose d'enlever au créancier son recours contre tout co-obligé solidaire, s'il concourt au concordat de l'obligé principal, et que cette mesure forçant le créancier de voter avec la minorité, peut empêcher le concordat, même contre son intérêt.

Il vaudrait mieux pour lui comme pour la masse qu'il fût considéré comme privilégié, et, par conséquent, exclus de la délibération.

542. Aucun recours, pour raison des dividendes payés, n'est ouvert aux faillites des co-obligés les unes contre les autres, si ce n'est lorsque la réunion des dividendes que donneraient ces faillites excéderait le montant total de la créance en principal et accessoires, auquel cas cet excédant sera dévolu suivant l'ordre des engagemens à ceux des co-obligés qui auraient les autres pour garans.

Tout cela est juste et se réglait ainsi déjà, mais non sans contestations. Le nouvel article les préviendra; c'est un bienfait.

543. Si le créancier porteur d'engagemens solidaires entre le failli et d'autres co-obligés, a reçu, avant la faillite, un à-compte sur sa créance, il ne sera compris dans la masse que sous la déduction de cet à-compte.

Le co-obligé ou la caution qui aura fait le paiement partiel, sera compris dans la même masse pour tout ce qu'il aura payé à la décharge du failli.

Cet article correspond à l'article 538, mais l'article 538 ne parlait que d'une caution ordinaire et non solidaire. Celui-ci détruirait l'effet de l'article 541 qui a posé les vrais principes de la matière, lorsqu'il y a plusieurs co-obligés solidaires. Pour faire sentir les dangers de maintenir cette disposition, il suffira d'en poser en chiffre les conséquences.

A., souscripteur d'un billet à ordre de 100 fr.,
B., premier endosseur,
C., deuxième endosseur,
P., tiers-porteur, se trouve avoir trois obligés solidaires.

S'il a reçu, antérieurement à la faillite d'A., un à-compte de 25 fr., de B., il ne peut demander à A. que 75 fr. Mais A. est en faillite; A. est son obligé solidaire, et, d'après le Code, il pourrait se présenter à la faillite de A. pour les 100 fr., sauf à ne toucher le dividende que jusqu'à concurrence de 75 fr. Mais, d'après la loi nouvelle, il ne pourrait produire à la faillite que pour 75 fr., et B., qui a payé 25 fr., produirait pour ces 25 fr.

Mais pourquoi admettre que B., qui n'a payé que 25 fr., produirait plutôt que le porteur P. ? Il n'y a nul avantage pour A., débiteur, et il y aurait injustice pour P., car si A. ne donne que 50 pour cent, P n'aura pour ses 75 fr. que 37 1|2. B. touchera lui 12 1|2 , et si C. est insolvable, P. perdra le surplus.

Or, B. étant garant d'A. à l'égard de P., ne peut et ne doit rien toucher quand P. n'est pas payé intégralement.

Pourquoi donc changer le principe si bien établi par l'article 541? Qu'importe que l'un des co-obligés ait payé avant ou après la faillite?

Il est certain, et cela n'avait pas besoin d'être dit, que si l'un des co-obligés a donné un à-compte avant d'être en faillite, le porteur ne pourra se présenter à la faillite de celui qui a payé l'à-compte, que pour ce qui lui restera dû; mais il conserve la plénitude de tous ses droits à l'égard des autres; et, s'ils font faillite, il doit pouvoir se présenter pour tout le montant du billet dont il est porteur.

544. Néanmoins, le créancier conservera, pour le surplus, ses droits contre les co-obligés ou la caution ; en conséquence il pourra, s'ils ne sont point en faillite, réclamer directement, jusqu'à concurrence de ce qui lui restera dû, la part à eux afférente dans la faillite du débiteur principal; si le co-obligé ou la caution sont eux-mêmes en faillite, il n'exercera son action que contre leurs masses.

Cet article est destiné à servir de correctif à l'article précédent; il en détruit en partie le mauvais effet, en assurant au porteur la part afférente dans la faillite au co-obligé qui ne lui a donné qu'un à-compte. Mais alors il était plus simple de laisser le porteur se faire admettre pour la totalité du titre, sauf à dire qu'il ne pourrait toucher au-delà de ce qui lui reste dû.

Et si, dit l'article, le co-obligé, ou caution, est en faillite, il (le créancier), n'exercera son action que contre la masse;

sans doute et déduction faite de ce que le co-obligé a payé. Voilà qui est bien ; mais pourquoi le priver de produire pour toute sa créance dans la faillite de l'obligé principal ? On n'en voit aucune bonne raison.

Il faudrait donc supprimer les deux articles 543 et 544, et laisser subsister dans toute leur étendue les principes émis par l'article 541.

545. Le créancier qui a acquiescé à un concordat dûment homologué, conserve son recours pour la totalité de sa créance contre les autres co-obligés.

Il le perd s'il a volontairement consenti au concordat.

Cette disposition nouvelle peut avoir des conséquences fort graves.

Elle rejette forcément dans la minorité des créanciers, délibérant sur le concordat, tous les tiers-porteurs ; elle rendrait dans bien des cas tout concordat impossible.

L'admission de ce principe, dans la loi nouvelle, est contraire à la coutume, à la doctrine et à la jurisprudence.

Sans doute, en thèse générale, la remise consentie volontairement au débiteur libère la caution. Mais tous les auteurs, à la tête desquels nous citerons Pothier, ont toujours pensé que le principe ne devait s'appliquer qu'à la remise volontaire, et non à celle résultant du concours à un acte d'attermoiement ou à un concordat, parce que, dans ce cas, le délai ou la remise ne sont pas accordés dans l'intérêt du débiteur, mais dans l'intérêt du créancier, qui croit tirer ainsi un meilleur parti de sa créance. La caution ne peut se plaindre qu'on ait diminué ses droits en consentant au concordat, car elle pouvait, en remboursant le créancier, se mettre dans le cas de délibérer elle-même sur l'acceptation ou le rejet des propositions du débiteur. Si elle ne l'a pas fait, elle ne peut exiger que le créancier s'abstienne de toute délibération, et même, qui plus est, que sa voix soit comptée comme s'opposant au concordat, quand son intérêt pourrait le porter à y souscrire.

Admettre cet article se serait faire un pas immense en arrière, en accroissant outre mesure les difficultés du concordat, tandis qu'au contraire le vœu du commerce est de le rendre plus facile dans l'intérêt des créanciers.

SECTION II.

Des créanciers nantis de gages et des créanciers privilégiés.

546. Les créanciers du failli qui seront valablement nantis de gages ne seront inscrits dans la masse que pour mémoire.

Cet article reproduit l'article 535 du Code. Il y aurait lieu, je crois, de supprimer le mot *valablement*, car il est possible qu'il y ait contestation; mais il suffit que le créancier prétende au gage pour être exclus de la masse délibérante, et il y aurait à craindre que son inscription pour mémoire ne fût invoquée par lui comme reconnaissance de la validité du nantissement : ce qui n'aura pas lieu en supprimant le mot *valablement*.

547. Les syndics définitifs seront autorisés à retirer les gages, au profit de la faillite, en remboursant la dette.

Cet article reproduit textuellement l'article 536.

548. Si les syndics ne retirent pas le gage, qu'il soit vendu par les créanciers, et que le prix excède la créance, le surplus sera recouvré par les syndics; si le prix est moindre que la créance, le créancier nanti viendra à contribution pour le surplus.

Entièrement conforme à l'article 537.
Point d'observations.

549. Le salaire des ouvriers, acquis pendant le mois qui aura précédé la déclaration de faillite, sera admis au nombre des créances privilégiées, au même rang que le privilége établi par l'article 2101 du Code civil, pour le salaire des gens de service.

On ne peut qu'applaudir à cette disposition nouvelle, qui fera cesser les nombreux procès auxquels a donné lieu la prétention des ouvriers, que les juges ne pouvaient repousser qu'à regret, puisque ce privilége n'était pas consacré par la loi. Il y avait d'ailleurs variation dans la jurisprudence, qui va se trouver désormais fixée.

550. Le privilége et le droit de revendication établi par la n. 4 de l'art. 2102 du Code civil, au profit du vendeur d'effets mobiliers, ne seront point admis en cas de faillite.

En applaudissant à l'extension du privilége en faveur de la classe ouvrière, on ne peut qu'applaudir également à la destruction du privilége indiqué dans l'article 55o. Rien n'était plus déplorable, en effet, que de voir des vendeurs d'effets mobiliers revendiquer et obtenir les meubles qu'ils avaient vendus à crédit. Souvent ils avaient servi à tromper les autres créanciers, en les disposant à une confiance que leur inspirait le riche mobilier de leur acheteur.

Il est juste que tous ceux qui ont fait crédit au débiteur en subissent également les conséquences.

551. Les syndics présenteront au juge-commissaire l'état des créanciers se prétendant privilégiés sur les meubles, et le juge-commissaire autorisera, s'il y a lieu, le paiement de ces créanciers sur les premiers deniers rentrés.

Si le privilége est contesté, le tribunal prononcera ; les frais seront supportés par ceux dont la demande aura été rejetée.

Cet article répond à l'article 533 du Code.

La rédaction n'en est pas tout-à-fait la même. L'article du Code disait : S'il y a des créanciers contestant le privilége, le tribunal prononcera, et les frais seront supportés par ceux dont la demande aura été rejetée, et ne seront pas au compte de la masse.

Cette rédaction semblait exclure toute opposition de la part des syndics. La nouvelle rédaction au contraire leur en laisse le droit; il résulte de l'article que, si les syndics ne contestent pas, les créanciers peuvent le faire, mais à leurs risques et périls quant aux frais; tandis que si la contestation est faite par les syndics et qu'ils succombent, les frais peuvent être mis à la charge de la masse.

SECTION III.

Des droits des créanciers hypothécaires.

552. Lorsque la distribution du prix des immeubles sera faite antérieurement à celle du prix des meubles ou simultanément, les créanciers hypothécaires non remplis sur le prix des immeubles, concourront, à proportion de ce qui leur restera dû, avec les créanciers chirographaires sur les deniers appartenant à la masse chirographaire, pourvu toutefois que leurs créances aient été vérifiées et affirmées suivant les formes ci-dessus établies.

Cet article correspond à l'article 539; la seule différence notable, c'est qu'il exige la vérification et l'affirmation des créances hypothécaires comme des autres créances; ce qui, d'ailleurs, devait être exigé également sous l'empire du Code, puisqu'ils n'en étaient point dispensés et qu'ils ne pouvaient raisonnablement prétendre participer aux répartitions de la masse chirographaire sans faire vérifier et affirmer leur créance. Mais ce principe ayant donné lieu à quelques contestations, la nouvelle rédaction de cet article les évitera pour l'avenir.

553. Si la vente du mobilier précède celle des immeubles, et donne lieu à une ou plusieurs répartitions de deniers avant la distribution du prix des immeubles, les créanciers hypothécaires vérifiés et affirmés concourront à ces répartitions dans la proportion de leurs créances totales, et sauf, le cas échéant, les distractions dont il sera parlé ci-après.

Cet article est semblable à l'article 540, sauf l'adoption des mots *vérifiés et affirmés* après ceux *créanciers hypothé-*

caires, afin de confirmer le principe déjà établi dans l'article précédent, que les créanciers hypothécaires doivent faire admettre et affirmer leur créance comme les autres.

554. Après la vente des immeubles, et le jugement d'ordre entre les créanciers hypothécaires, ceux d'entre ces derniers qui viendraient en ordre utile sur le prix des immeubles, pour la totalité de leurs créances, ne toucheront le montant de leur collocation hypothécaire que sous la déduction des sommes par eux perçues dans la masse chirographaire.

Les sommes ainsi déduites ne resteront point dans la masse hypothécaire, mais retourneront à la masse chirographaire, au profit de laquelle il en sera fait distraction.

Cet article est entièrement conforme à l'article 541, et, comme lui, il ne contient aucune garantie de l'exécution de ses dispositions. Si le créancier hypothécaire est de mauvaise foi, il pourra, malgré cette disposition, toucher sa collocation dans l'ordre ou transporter sa créance.

On éviterait cet inconvénient en exigeant qu'il subrogeât la masse dans ses droits hypothécaires, laquelle subrogation ne lui nuirait pas d'après les principes de l'article 1252 du Code civil, puisqu'elle ne pourrait être exercée au préjudice du subrogeant.

555. A l'egard des créanciers hypothécaires qui ne seront colloqués que partiellement dans la distribution du prix des immeubles, il sera procédé comme il suit : Leurs droits sur la masse chirographaire seront définitivement réglés d'après les sommes dont ils resteront créanciers après leur collocation immobilière, et les deniers qu'ils auront touchés au-delà de cette proportion, dans la distribution antérieure, leur seront retenus sur le montant de leur collocation hypothécaire, et reversés dans la masse chirographaire.

Entièrement conforme à l'article 542. Rien à observer.

556. Les créanciers hypothécaires qui ne viennent point en ordre utile seront considérés comme purement et simplement chirogra-

phaires, et soumis, comme tels, aux effets du concordat et de toutes opérations de la masse chirographaire.

Cet article contient l'article 543 tout entier, et de plus les mots : *soumis comme tels*, etc., qui n'ajoutent rien au principe émis par l'article.

Mais ici, se présente la nécessité d'éveiller l'attention sur un droit qui peut appartenir aux créanciers hypothécaires, et dont certes ils ne doivent pas être privés, mais dont il faut régler l'exercice.

C'est l'action en stellionat, qui leur donne des droits sur la personne de leur débiteur, droits que ne peut détruire la faillite ni la cession de biens dans l'état actuel de la législation.

Cependant, laissera-t-on au créancier hypothécaire le droit d'exercer cette action même après le concordat? Il me semble qu'il y aurait préjudice pour la masse et par conséquent qu'il y a lieu de prévenir cet effet.

Si un créancier hypothécaire croit devoir exercer une action en stellionnat, il doit le faire aussitôt la mise en faillite de son débiteur. Il a d'autant plus d'intérêt à le faire, que la faillite a pour but de régler le sort de son action personnelle. S'il forme cette demande, comme le stellionataire ne peut être admis au concordat, il y aura lieu de surseoir au concordat jusqu'à ce qu'il ait été statué; et si elle est rejetée, rien n'empêche de procéder ensuite au concordat, et même d'accorder des dommages-intérêts au débiteur. Si au contraire elle est admise, il n'y a plus lieu à concordat, on passe au contrat d'union.

Sans cette précaution, un créancier hypothécaire pourrait suspendre sa demande en stellionat, laisser faire le concordat, afin que le failli, remis à la tête de ses affaires et surtout rentré en possession d'une partie de l'actif, eût quelque chose à lui donner. Alors il se présenterait avec sa demande et enlèverait par peur ou par transaction au failli, ce que les autres créanciers lui auraient abandonné dans l'espoir d'être payés d'un dividende.

Il importe d'empêcher cette action déloyale en obligeant

le créancier hypothécaire de déclarer, en faisant vérifier sa créance, s'il a une action en stellionat à exercer. Dans ce cas on suspendra les opérations de la faillite jusqu'à décision; mais son action sera prescrite par le seul fait de son admission pure et simple; et, à plus forte raison par le concordat.

SECTION IV.

Des droits des femmes.

557. En cas de faillite, les femmes mariées sous le régime dotal, les femmes séparées de biens, et les femmes communes en biens qui n'auraient pas mis en communauté les immeubles par elles apportées, reprendront en nature lesdits immeubles et ceux qui leur seront survenus par successions, donations entre vifs, ou pour cause de mort.

Cet article remplace l'article 545 du Code auquel il est parfaitement identique, sauf un léger changement dans la rédaction qui en rend le sens plus clair.

Il n'y a lieu à aucune observation.

558. Elles reprendront pareillement les immeubles acquis par elles et en leur nom des deniers provenant desdites successions et donations; pourvu que la déclaration d'emploi soit expressément stipulée au contrat d'acquisition, et que l'origine des deniers soit constatée par inventaire ou par tout autre acte authentique.

Il y a une très-petite observation à faire sur la rédaction du commencement de cet article.

Elles reprendront pareillement les immeubles acquis PAR ELLES ET EN LEUR NOM. Il faudrait ou EN *leur nom.* Car si l'immeuble a été acquis par le mari avec déclaration d'emploi et constatation de l'origine des deniers qui ont servi à le payer, on ne peut priver la femme du droit de le reprendre.

559. Sous quelque régime qu'ait été formé le contrat de mariage,

hors le cas prévu par l'article précédent, la présomption légale est que les biens acquis par la femme du failli appartiennent à son mari, ont été payés de ses deniers, et doivent être réunis à la masse de son actif, sauf à la femme à fournir la preuve du contraire.

560. L'action en reprise résultant des dispositions des art. 557 et 558, ne sera exercée par la femme qu'à la charge des dettes et hypothèques dont les biens sont grevés, soit que la femme s'y soit volontairement obligée, soit qu'elle y ait été judiciairement condamnée.

561. La femme ne pourra exercer dans les faillites aucune action à raison des avantages portés au contrat de mariage, et, réciproquement, les créanciers ne pourront se prévaloir, dans aucun cas, des avantages faits par la femme au mari dans le même contrat.

562. En cas que la femme ait payé des dettes pour son mari, la présomption légale est qu'elle l'a fait des deniers de celui-ci, et elle ne pourra en conséquence exercer aucune action dans la faillite, sauf la preuve contraire, comme il est dit à l'art. 559.

563. La femme dont le mari était commerçant à l'époque de la célébration du mariage, n'aura hypothèque pour les deniers et effets mobiliers qu'elle justifiera, par acte authentique avoir apportés en dot, pour le remploi de ses biens aliénés pendant le mariage et pour l'indemnité des dettes contractées avec son mari, que sur les immeubles qui appartenaient à son mari à l'époque ci-dessus.

Ces articles sont conformes aux articles 547, 548, 549, 550 et 551 du Code.

L'expérience ayant confirmé la sagesse de ces dispositions, la loi nouvelle les a adoptées ; il n'y a rien à observer.

564. Sera excepté des dispositions des articles 561 et 563 et jouira de tous les droits hypothécaires accordés aux femmes par le Code civil, la femme dont le mari avait, à l'époque de la célébration de son mariage, une profession déterminée autre que celle de commerçant.

Cet article correspond à l'article 552 du Code qu'il reproduit en partie, sauf que l'article du Code ajoutait :

» Néanmoins, cette exception ne sera pas applicable à la
» femme dont le mari ferait le commerce dans l'année qui sui-
» vrait la célébration du mariage. »

La suppression de ce paragraphe indique l'intention for-
melle du législateur de ne plus admettre cette distinction qui
pouvait compromettre l'inviolabilité ordinairement accordée
par nos lois aux conventions matrimoniales.

On préfère le respect de ces conventions à la crainte d'un
événement peu probable, je veux dire d'un mariage qui se ferait avec la pensée, par le mari, de faire commerce après
la célébration, afin d'assurer l'hypothèque légale de sa
femme.

Il faut remarquer aussi la suppression, dans la loi nouvelle,
de la disposition de l'article 552 du Code qui assimilait à la
femme dont le mari était commerçant à l'époque de la célébration du mariage, celle qui aurait épousé un fils de négociant
n'ayant à cette époque aucun état ou profession, et qui deviendrait négociant.

La suppression de cet article établit positivement l'intention du législateur de détruire la présomption, que l'article 552 établissait, que le fils de négociant était destiné à
entrer dans le commerce quand il n'avait pas d'autre état au
moment de la célébration du mariage.

Maintenant, il faudra que le mari soit commerçant au moment du mariage, pour que la femme soit privée de son hypothèque légale sur les biens qui adviendraient à son mari
pendant le mariage.

565. Tous les meubles meublans, effets mobiliers, diamans, ta-
bleaux, vaisselle d'or et d'argent et autres objets tant à l'usage
du mari qu'à celui de la femme, sous quelque régime qu'ait été
formé le contrat de mariage, seront acquis aux créanciers, sans
que la femme puisse en recevoir autre chose que les habits et
linges à son usage qui lui seront accordés d'après les dispositions
de l'article 534.

Toutefois, la femme pourra reprendre les bijoux, diamans, vaisselle
qu'elle pourra justifier, par état légalement dressé, annexé aux

actes, ou par bons et loyaux inventaires, lui être advenus par succession ou par donations entre vifs et testamentaires.

Cet article reproduit à peu près la disposition de l'article 554 du Code ; cependant, il donne plus de latitude aux reprises de la femme, en ce qu'il admet la reprise des objets donnés n'importe par qui, tandis que le Code n'admettait la reprise que des objets donnés par contrat de mariage ou advenus par succession.

Est-ce avec intention que la loi nouvelle, comme le Code, n'admet les reprises de la femme que pour trois choses : bijoux, diamans, vaisselle ; pourquoi n'en serait-il pas de même de tous les autres effets mobiliers?

Il faudrait s'expliquer ; mais on ne voit pas de motif de ne pas étendre les droits de la femme à tous les effets mobiliers.

La loi ne s'explique pas sur les biens meubles, tels que rentes, contrats, actions, etc. : nul doute que la femme peut les reprendre en justifiant qu'on les lui a donnés. Il me semble toutefois qu'il faudra le dire.

CHAPITRE VIII.

DE LA RÉPARTITION ENTRE LES CRÉANCIERS ET DE LA LIQUIDATION DU MOBILIER.

566. Le montant de l'actif mobilier du failli, distraction faite des frais et dépenses de la faillite, du secours qui aurait été accordé au failli et des sommes payées aux créanciers privilégiés, sera réparti entre tous les créanciers au marc le franc de leurs créances vérifiées et affirmées.

Cet article reproduit, sauf quelques changemens d'expressions trop peu importans pour être signalés, l'article 528 du Code.

Il n'y a lieu à aucune observation.

567. A cet effet, les syndics remettront tous les mois au juge-com-

missaire un état de la situation de la faillite et des deniers déposés à la caisse des consignations ; le juge-commissaire ordonnera, s'il y a lieu, une répartition entre les créanciers, en fixera la quotité et veillera à ce que tous les créanciers en soient avertis.

Cet article reproduit les dispositions des articles 559 et 560 ; il n'en diffère que parce que, d'après la loi nouvelle, les fonds doivent être versés à la caisse des consignations, et en ce que le juge-commissaire est plus spécialement chargé de veiller à ce que les créanciers soient avertis.

568. Il ne sera procédé à aucune répartition entre les créanciers domiciliés en France, qu'après la mise en réserve de la part correspondante aux créances pour lesquelles les créanciers domiciliés hors du territoire continental de la France, seront portés sur le bilan ou sur l'état dressé conformément à l'article 474.

Cette disposition nouvelle est motivée par les précédentes dispositions de la loi.

Sous la loi actuelle, on ne peut procéder au concordat qu'après l'expiration du dernier délai fixé pour les créanciers qui sont hors de la France continentale, ce qui peut aller à un an.

Par le nouveau projet, on n'attend que le délai voulu pour les créanciers domiciliés en France. C'est un jour par trois myriamètres; il peut donc arriver, s'il y a contrat d'union, qu'il y ait des répartitions avant l'expiration des délais accordés pour produire aux créanciers qui sont à l'étranger ou dans nos colonies. Il ne serait pas juste de les priver de leur part tant qu'ils n'ont pas encouru la déchéance de leur droit par l'expiration du délai.

C'est en leur faveur et dans cette prévision qu'est rédigé l'article 568 du projet.

569. Cette part sera mise en réserve jusqu'à l'expiration du délai déterminé per le dernier paragraphe de l'art. 494 ; elle sera répartie entre les créanciers reconnus si les créanciers domiciliés

n'ont pas fait vérifier leurs créances, conformément aux dispositions de la présente loi.

Une pareille réserve sera faite pour raison des créances sur l'admission desquelles il n'aurait pas été statué définitivement.

Cet article complette les dispositions de l'article précédent en faveur des créanciers éloignés, et par son dernier paragraphe il étend ses dispositions aux créanciers sur l'admission desquels il y a sursis.

Cette disposition était nécessaire parce qu'il n'y avait rien d'analogue dans la loi actuelle.

570. Nul paiement ne sera fait que sur la représentation du titre constitutif de la créance.

Les syndics mentionneront sur le titre le paiement qu'ils effectueront; le créancier donnera quittance en marge de l'état de répartition.

Cet article reproduit l'article 561, sauf qu'il n'est plus question de caissier. Ce sont les syndics eux-mêmes qui font la mention, parce que ce sont eux qui paieront avec les fonds qu'ils auront retirés la veille de la caisse, moyennant l'autorisation du juge-commissaire.

571. L'union pourra, dans tout état de cause, se faire autoriser par le tribunal de commerce, le failli dûment appelé, à traiter à forfait des droits et actions dont le recouvrement n'aurait pas été opéré et à les aliéner : en ce cas, les syndics feront tous les actes nécessaires.

Tout créancier pourra s'adresser au juge-commissaire pour provoquer une délibération de l'union à cet égard.

Cet article reproduit l'article 563. Il en conserve même la rédaction qui n'est pas parfaitement correcte, en parlant de droits et actions dont le recouvrement n'aurait pas été opéré. *Recouvrement* ne s'applique qu'à une somme d'argent et non à l'exercice d'un droit ou d'une action, qui peut avoir pour but tout autre chose qu'un recouvrement. Il serait donc

7

mieux de dire : *les droits et actions qui n'auraient point été exercés.*

Dans l'article du Code 563, il y avait : *et les aliéner*, et non pas *et à les aliéner*. Avec la préposition *à le* mot *aliéner* présente la même idée que le mot *traiter à forfait*. Sans la préposition, comme dans le Code, il exprime l'exécution de l'autorisation accordée. Je crois que la préposition est de trop, et l'on pourrait même supprimer le verbe et la préposition, car il est certain que l'union n'aura pas demandé l'autorisation de traiter à forfait pour ensuite ne pas *aliéner* ; de même qu'il est certain que l'union pourra renoncer à l'aliénation après son autorisation, si la majorité change d'avis a cet égard, à moins toutefois que l'autorisation ne soit intervenue sur un débat contradictoire par suite de la demande d'un ou plusieurs créanciers. Dans toutes ces hypothèses, le second membre *et les aliéner* est fort inutile.

Mais ce qui ne serait peut-être pas inutile, ce serait de mettre au lieu de la préposition *et* la préposition *ou*, et d'ajouter : *à les aliéner* PAR ADJUDICATION PUBLIQUE DEVANT NOTAIRE, SUR UNE SEULE PUBLICATION ; parce qu'alors le tribunal n'autoriserait le traité à forfait qu'autant que ces droits et actions seraient d'une importance trop faible pour nécessiter une vente avec publicité et concurrence, et dans le cas contraire, il ordonnerait la vente publique.

CHAPITRE IX.

DE LA VENTE DES IMMEUBLES DU FAILLI.

572. S'il n'y a pas d'action en expropriation des immeubles formée avant la nomination des syndics définitifs, eux seuls seront admis à poursuivre la vente ; ils seront tenus d'y procéder dans la huitaine, sous l'autorisation du juge-commissaire, suivant les formes prescrites pour la vente des biens des mineurs.

Cet article est destiné à remplacer l'article 564 du Code. Il en diffère en ce qu'il ne donne la préférence aux syndics que quand il n'y a pas d'action en expropriation. Cela est juste et ne fait qu'établir par la loi ce qui était déjà adopté par la plupart des tribunaux. Car l'action en expropriation est un droit réel auquel ne peut nuire aucune des dispositions exceptionnelles de la loi des faillites. Mais en cas d'expropriation, les syndics même provisoires, exerçant les droits du failli, peuvent comme lui demander la conversion en vente sur publications judiciaires et se rendre ainsi maîtres de la vente sous la surveillance de la justice, ce qui est dans l'intérêt de la masse.

573. Pendant huitaine après l'adjudication, tout créancier aura droit de surenchérir. La surenchère ne pourra être au-dessus du dixième du prix principal de l'adjudication.

Pendant le même délai, toute autre personne aura le même droit, pourvu que sa surenchère soit du quart au moins du prix principal de l'adjudication.

Le premier paragraphe de cet article reproduit mot pour mot l'article 565.

Le second paragraphe présente une disposition nouvelle.

C'est une extension au droit de surenchérir.

Au premier abord, et en théorie surtout, il semble que ce droit de surenchère est créé dans l'intérêt du propriétaire de l'immeuble.

Dans la pratique il n'en est guère ainsi.

Ceux qui ont envie d'un immeuble et qui le guettent comme une proie, se gardent bien de le pousser d'abord. Quelque envie qu'ils en aient, ils évitent de couvrir l'estimation.

L'immeuble, n'étant pas vendu, les vendeurs se font autoriser à vendre au-dessous de l'estimation ; on adjuge à un prix quelconque, et celui qui a envie de l'immeuble ne s'occupe plus ensuite que d'acheter les droits du créancier sur lequel les fonds manquent, pour faire une surenchère.

Je ne vois dans tout cela que l'avantage des avoués et du fisc.

Puisque la vente est faite publiquement et même après une adjudication préparatoire, mesure reconnue bien inutile, pourquoi ne serait-elle pas définitive?

A quoi servent également les estimations d'experts? Laissez au tribunal le soin de fixer la première enchère sur les observations contradictoires du poursuivant et du saisi; que cette première enchère soit très-modérée, pour exciter la spéculation; qu'il n'y ait qu'une adjudication; qu'elle soit définitive. Vous économiserez les trois quarts des frais, et les immeubles se vendront d'autant plus.

CHAPITRE X.

DE LA REVENDICATION.

574. Pourront être revendiqués en cas de faillite, les remises en effets de commerce ou en tous autres effets non encore payés, et qui se trouveront en nature dans le portefeuille du failli à l'époque de sa faillite, lorsque ces remises auront été faites par le propriétaire avec le simple mandat d'en faire le recouvrement et d'en garder la valeur à sa disposition, ou lorsqu'elles auraient reçu de sa part la destination spéciale de servir au paiement d'acceptation de billets tirés au domicile du failli.

Cet article renouvelle les dispositions de l'article 583 du Code de commerce. On y remarque à regret les mêmes négligences d'expressions dans les derniers mots de l'article.

Au paiement d'acceptations ou de billets tirés au domicile du failli.

Veut-on parler de lettres de change acceptées par le failli? apparemment non, car dans ce cas il y a commerce et confiance entre l'envoyeur de remises qui avait probablement usé du crédit du failli en tirant sur lui.

D'après les principes de la loi nouvelle sur la revendication, on ne peut admettre la revendication des valeurs destinées à couvrir les acceptations du failli. Il est probable qu'on veut la restreindre au cas où le failli n'est que l'agent du propriétaire des remises, qui fait payer à son domicile et par lui, mais comme simple mandataire, les billets qu'il a créés ou la lettre de change qu'il a acceptée. C'est ce qu'il faut dire clairement et ce que n'exprime pas nettement la loi nouvelle, pas plus que le Code, par l'expression *billets tirés au domicile du failli.*

Il me semble qu'il faudrait dire :

Au paiement de ses acceptations ou billets payables au domicile du failli.

575. Pourront être également revendiquées aussi long-temps qu'elles existent en nature, en tout ou en partie, les marchandises consignées au failli à titre de dépôt ou pour être vendues pour le compte de l'envoyeur.

Pourra même être revendiqué le prix ou la partie du prix desdites marchandises qui n'aura pas été payée ou compensée en compte courant entre le failli et l'acheteur.

Cet article reproduit l'article 581 du Code.

Il ne s'écarte pas de l'idée dominante du projet, qui est d'admettre la revendication toutes les fois que le débiteur n'agit que comme mandataire, et de la repousser toutes les fois que le créancier a suivi la foi du débiteur.

576. Pourront être retenues par le vendeur les marchandises par lui vendues mais non encore livrées au failli.

Les marchandises expédiées aux frais et risques du failli seront considérées comme livrées.

Les marchandises faisant route, mais dont la livraison aurait été subordonnée par la lettre de voiture au paiement immédiat du prix, seront réputées non livrées.

Cet article, qui annulle toutes les dispositions des art. 576 et suivans du Code de commerce, fait parfaitement sentir l'esprit du projet sur la revendication.

On sait que ce titre avait donné lieu aux plus graves débats lors de son adoption.

Sur cent soixante-deux tribunaux ou chambres de commerce qui avaient donné leur avis sur le Code, quarante seulement avaient admis la revendication à peu près telle que le Code en a consacré l'usage.

Mais cet usage même a fait ressortir l'injustice de ces revendications.

Pourquoi le vendeur, dont la marchandise est en route, est-il traité plus favorablement que celui qui demeure moins loin et dont la marchandise est, par conséquent, arrivée quelques jours plus tôt ?

Dès qu'il y a vente, il y a confiance, à moins que le prix ne soit stipulé payable *écus sur balle*, parce qu'alors évidemment le vendeur n'a entendu courir aucune chance et qu'à son égard la vente n'est consommée que par le paiement.

Mais quand la vente est stipulée comptant, avec plus ou moins de délai accordé à l'acheteur, suivant l'usage, c'est une vente à terme quoiqu'à court terme, et l'on sait qu'il y a des commerces où ces mots : *payable comptant*, couvrent un crédit de trois ou quatre mois.

Par conséquent, si la marchandise est expédiée sans faire suivre le remboursement de la facture, la marchandise sortie des magasins du vendeur, appartient dès-lors à l'acheteur, périt pour lui, et la vente est consommée, vente à court terme si elle est stipulée comptant, mais à terme réel puisque le remboursement n'est pas exigé à la remise de la marchandise.

Je crois que tout le commerce applaudira à ces vrais principes de revendication, limités au seul cas où le créancier n'a pas voulu se fier au débiteur, et ne l'a considéré que comme mandataire.

577. Dans le cas prévu par l'article précédent, les syndics auront la faculté d'exiger la livraison des marchandises, en payant au vendeur le prix convenu entre lui et le failli.

Cet article reproduit la disposition de l'article 582; dans l'un comme dans l'autre, il semble que la loi aurait dû rendre nécessaire l'autorisation du juge. S'il est juste que la masse puisse profiter d'une bonne affaire, il faut qu'elle ne soit pas exposée à perdre; et comme on ne pourrait la convoquer puisque les cas de revendication ne se présentent qu'au commencement de la faillite, il faut que la masse trouve dans l'autorisation du juge-commissaire une garantie contre les idées de spéculation des syndics.

578. Dans le cas où la loi permet la revendication, les syndics examineront les demandes, ils pourront les admettre sauf l'approbation du juge-commissaire.

S'il y a contestation, le tribunal prononcera, après avoir entendu le juge-commissaire.

Cet article reproduit textuellement l'art. 585 du Code. Il n'y a lieu à observation.

CHAPITRE XI.

DES VOIES DE RECOURS CONTRE LES JUGEMENS RENDUS EN MATIÈRE DE FAILLITE.

579. Le jugement déclaratif de la faillite sera susceptible d'opposition de la part du failli dans la huitaine, et de la part de toute autre partie intéressée pendant un mois; ce délai courra à partir du jour où les formalités de l'affiche et de l'insertion auront été accomplies.

(Et l'article 441 dit que le jugement déclaratif de faillite est exécutoire par provision.)

Le projet de loi a apporté d'importantes modifications aux voies de recours contre les jugemens rendus en matière de faillite. Elles ont toutes principalement pour but d'accélérer la marche de la faillite en abrégeant les délais.

L'article dont nous nous occupons remplace l'article 457, sauf qu'il ne parle pas de l'exécution provisoire dont il a été fait mention à l'article 441 de la loi nouvelle. Ainsi, en cas d'opposition, l'état de faillite se trouve suspendu jusqu'à jugement définitif, mais provisoirement tout s'exécute comme s'il n'y avait pas d'opposition.

Cela me paraît assez juste quant aux mesures conservatoires, parce qu'il est probable que le débiteur a donné lieu à cette mesure par la cessation de ses paiemens. Mais il serait dangereux d'étendre l'exécution provisoire aux mesures qui peuvent produire un mal irréparable.

Ainsi, malgré la cessation de ses paiemens, le débiteur peut avoir des ressources inconnues à ses créanciers et peut, en les faisant connaître, faire rapporter le jugement de faillite. Il est donc juste que jusqu'à ce qu'il ait été statué sur son opposition, on suspende la publicité du jugement déclaratif de la faillite et qu'on ne puisse le priver de sa liberté.

Je pense donc qu'il serait prudent de maintenir l'exécution provisoire, en y ajoutant le correctif: *sauf pour l'affiche et insertion du jugement dans les journaux et la mise en dépôt de la personne du débiteur.*

Une autre différence que nous devons signaler, c'est le délai d'un mois fixé pour tout autre que le failli, qui remplace les délais accordés par le Code, savoir: pour les créanciers présens et représentés et pour tout autre intéressé, jusques et y compris le jour du procès-verbal constatant la vérification des créances; et pour les créanciers en demeure, jusqu'à l'expiration du dernier délai qui leur aura été accordé.

L'article du projet est plus positif, et de plus, il abrège les délais qui, dans le système du Code, pouvaient se prolonger pendant un an et plus; sous ce double rapport il est préférable.

580. Aucune demande tendant à faire fixer l'ouverture de la faillite à une date autre que celle qui résulterait du jugement déclaratif de la faillite ou d'une disposition postérieure ne sera recevable après la formation du concordat, ou après le mois qui suivra la nomination des syndics définitifs. Passé ce délai, la fixation de l'ouverture de la faillite sera irrévocable à l'égard de la masse, sans préjudice du droit de tierce-opposition principale ou inci

dente de la part des tiers contre lesquels cette fixation serait ulté-
rieurement invoquée.

La fixation de l'ouverture de la faillite est le point le plus
important de la faillite, puisqu'il peut changer du tout au tout
la position du failli et de la masse, en invalidant ou consoli-
dant les actes faits depuis cette ouverture, ou dans les dix jours
qui l'ont précédée.

Il y a donc lieu de s'étonner que le nouveau projet de loi ne
se soit pas occupé de faire fixer cette ouverture aussitôt après
la nomination des syndics provisoires et de la fixer définitivement pour tous.

L'article ci-dessus a bien pour but d'interdire la demande
en report d'ouverture après le concordat ou après la nomination des syndics définitifs; mais la demande peut exister
auparavant, et le tribunal peut n'avoir pas statué, ce qui arrive tous les jours, et ce qui donne lieu aux plus graves difficultés.

Cette fixation doit avoir lieu avant toute délibération.

Sans doute il est nécessaire d'accélérer les opérations d'une
faillite, mais il ne faut pas cependant presser les choses si
vivement qu'on force, en quelque sorte, les créanciers à délibérer sur l'acceptation ou le rejet du concordat, quand il y
a encore de grandes incertitudes, non-seulement sur l'actif
et le passif, mais même sur la moralité de la faillite.

Il faut donc que la loi détermine, non pas le délai pour
former demande afin de report d'ouverture de faillite, mais
le délai pour prononcer jugement sur ce point. Et certes,
aussitôt après que le tribunal a pourvu à l'administration de
la faillite, par la nomination des syndics provisoires, il n'y
a rien de plus urgent que d'en fixer l'ouverture.

Je n'ose fixer un délai, mais il me semble qu'en déclarant
la faillite ouverte, le tribunal devrait remettre à quinzaine
pour fixer l'ouverture. Ce délai serait suffisant pour que tous
les intéressés pussent produire à la quinzaine leurs observations sur lesquelles le tribunal prononcerait, et cette fixation

devrait être, sauf l'appel, définitive pour tout le monde sans exception.

Cette disposition serait un véritable bienfait.

C'est un point qui mérite la sollicitude du pouvoir législatif.

581. Aucun jugement rendu par défaut, en matière de faillite, ne sera susceptible d'appel que de la part de ceux qui y auront formé opposition.

Disposition nouvelle à laquelle on ne peut qu'applaudir.

582. Le délai d'appel pour tout jugement rendu en matière de faillite, sera de dix jours seulement, à compter du jour de sa signification.

Cette abréviation des délais d'appel pour les jugemens en matière de faillite est un véritable bienfait.

583. Ne seront susceptibles ni d'opposition ni d'appel, les jugemens de nomination de juges-commissaires ou de syndics et ceux qui statuent sur les demandes tendant à leur révocation;

Les jugemens qui statuent sur les demandes de sauf-conduit et sur celles de secours alimentaires pour le failli;

Les jugemens qui autorisent à vendre les marchandises appartenant à la faillite;

Les jugemens portant fixation de délai pour la présentation des créances et ceux qui prononcent sursis au concordat ou admission provisionnelle de créanciers contestés;

Les jugemens par lesquels le tribunal de commerce statuera sur les recours formés contre les ordonnances rendues par le juge-commissaire dans les limites de ses attributions;

Les jugemens par lesquels le tribunal prononce, en vertu de l'article 537, si le failli est ou non excusable;

Les jugemens autorisant l'union à traiter à forfait des droits et actions dont le recouvrement n'aurait pas été opéré.

Toutes ces dispositions ayant pour résultat d'éviter des frais et des lenteurs, me semblent devoir être admises, sauf deux exceptions.

On ne voit pas pourquoi on priverait de l'appel celui qui

demande la révocation des syndics. Il suffit de réfléchir que d'après la loi actuelle, les syndics sont nommés directement par le tribunal, et que par conséquent il répugnerait de laisser juger, en dernier ressort, les motifs de révocation par les mêmes juges qui les ont nommés et qui doivent être peu disposés à reconnaître qu'ils ont fait un mauvais choix. Le droit d'appel, en pareil cas, ne paralyserait pas d'ailleurs la faillite, puisque les jugemens du tribunal de commerce peuvent être exécutés nonobstant appel.

Il me semble qu'il n'y a lieu à priver du recours par voie d'appel contre les jugemens qui ordonnent la vente des marchandises, qu'autant que ces marchandises font partie des fonds de commerce et que les syndics sont autorisés à l'exploiter; car si les marchandises n'en font pas partie, le failli ou les créanciers peuvent avoir intérêt que la vente n'en soit pas effectuée.

Cette observation nous conduit à une autre. C'est qu'on aurait dû mettre au rang des jugemens non susceptibles d'appel ceux qui autorisent les syndics provisoires et définitifs à continuer l'exploitation du fonds de commerce ou des usines dépendant de la faillite.

Enfin, au nombre des jugemens non susceptibles d'appel, se trouvent ceux portant fixation de délai pour la présentation des créances.

Mais dans la loi nouvelle, il n'y a plus lieu à faire fixer par le tribunal un délai pour les créanciers en retard; tous les délais sont fixés par la loi, art. 494 et suivans. Il n'y a donc pas lieu de faire mention de ces jugemens qui, d'après la loi nouvelle, ne sont plus nécessaires.

TITRE II.

DES BANQUEROUTES.

Dispositions générales.

584. Il y a deux espèces de banqueroute, la banqueroute simple et la banqueroute frauduleuse.

Cet article de classification remplace celui du Code 439, mis en tête du livre des faillites et banqueroutes et compris dans les dispositions générales. Du reste, il ne change en rien la division établie par le Code.

CHAPITRE PREMIER.

DE LA BANQUEROUTE SIMPLE.

585. Les cas de banqueroute simple seront punis des peines portées au Code pénal, et jugés par les tribunaux de police correctionnelle, sur la demande des syndics, sur celle de tout créancier du failli, ou sur la poursuite d'office du ministère public.

Cet article reproduit le sens et les expressions de l'article 588.

586. Sera déclaré banqueroutier simple, tout commerçant failli qui se trouvera dans un des cas suivans :

1° Si ses dépenses personnelles sont jugées excessives ;

2° S'il a consommé de fortes sommes à des opérations fictives, de bourse ou de pur hasard ;

3° S'il a eu recours, pour retarder sa faillite, à des emprunts, circulations d'effets, achats pour revendre au-dessous du cours, et autres moyens ruineux de se procurer des fonds ;

4° S'il a contracté, pour compte d'autrui, sans recevoir des valeurs en échange, des engagemens jugés trop considérables eu égard à sa situation lorsqu'il les a contractés.

Cet article correspond à l'article 586 du Code ; mais il contient des changemens qu'il importe de signaler. Le premier de tous est celui qui domine tous les autres, c'est la forme même de la rédaction.

L'article 586 du Code disait : *Sera poursuivi comme banqueroutier simple et pourra être déclaré tel* le commerçant, etc.

Il n'y avait ainsi d'injonction que pour la poursuite, mais toute latitude était laissée au tribunal correctionnel qui, en reconnaissant les faits , pouvait apprécier les circonstances qui détruisaient la culpabilité.

D'après le projet de loi, cette latitude n'est plus laissée ; si l'un des cas spécifiés dans l'article se rencontre, le tribunal sera forcé de déclarer le failli banqueroutier simple. Or dans les cas spécifiés, il s'en trouve qui peuvent être fort innocens par eux-mêmes.

Je ne parlerai ni du premier ni du second, parce que leur appréciation ne peut se séparer de la culpabilité, et que le tribunal appelé à juger si les dépenses des faillis sont excessives, ou s'ils ont consommé des sommes trop fortes à des opérations de bourse ou de hasard, ne peut le faire qu'en prenant en considération les circonstances de la fortune des faillis et de leur position sociale.

Mais , si j'aborde le troisième cas, j'y trouve celui d'emprunts et je ne puis rien voir dans un emprunt qui mérite le blâme, si ce n'est les circonstances dans lesquelles il a été fait. L'emprunt en lui-même ne peut donc donner lieu à la déclaration de banqueroute.

Il serait plus prudent de laisser les juges entièrement libres de déclarer banqueroutier simple , suivant les circonstances, ceux dont la faillite aurait été la conséquence de *fautes graves*, suivant les principes émis dans l'exposé des motifs du Code.

Notez bien d'ailleurs que ces dispositions impératives n'enlèvent pas réellement aux tribunaux le droit d'apprécier les faits ; ils se contenteront de ne pas reconnaître leur existence quand ils jugeront l'intention innocente. Ils feront comme les jurés qui disent : *Un tel n'est pas coupable de tel ou tel fait*, parce que dans leur conscience leur vote négatif se porte plutôt sur la culpabilité que sur le fait lui-même.

Dans ce cas , il vaut mieux éviter de faire mentir les jugés, qui, dans nos mœurs, ne se détermineront jamais à appliquer une loi sévère par la seule constatation d'un fait , quand ils trouveront dans les circonstances des raisons suffisantes d'excuse.

587. Pourra être déclaré banqueroutier simple, tout commerçant failli qui se trouvera dans un des cas suivans :

1° S'il n'a pas satisfait aux obligations d'un ancien concordat;

2° Si, étant marié sous le régime dotal, ou séparé de biens, il n'a pas satisfait aux obligations imposées par les articles 69 et 70.

3° S'il n'a pas fait au greffe sa déclaration de cessation de ses paiemens dans les trois jours, à partir de ladite cessation, ou si la déclaration par lui faite ne contient pas les noms de tous les associés solidaires;

4° Si, après s'être absenté, et sans empêchement légitime, il ne s'est pas présenté en personne aux agens et syndics dans les délais fixés; ou si, après avoir obtenu un sauf-conduit, il ne s'est pas représenté à justice;

5° S'il n'a pas tenu de livres, si ses livres sont incomplets ou irrégulièrement tenus, ou s'ils n'offrent pas sa véritable situation active et passive, sans que ces circonstances indiquent de fraude.

Cet article correspond à l'article 587 du Code, mais il contient deux causes de plus pour lesquelles le failli peut être déclaré banqueroutier simple. Ce sont les articles 1 et 2. Comme en tête de l'article se trouve le correctif pourra être, et qu'ainsi les juges auront à apprécier non-seulement le fait, mais sa moralité, on ne peut réclamer contre cette adjonction, sinon que ces nomenclatures sont toujours imparfaites, et sont plutôt restrictives qu'extensives. Il y aurait certainement plus de garanties pour la société à indiquer seulement que, dans les cas de fautes graves, il y a banqueroute simple, et que s'il y a fraude il y a banqueroute frauduleuse, en laissant aux tribunaux compétens le soin de faire l'application de ces principes. Mais, pour apprécier le fait de faute grave, le tribunal de commerce offrirait plus de garantie au prévenu, en ce que, composé de négocians, il serait plus à même d'apprécier les motifs d'excuse d'une position difficile.

La déclaration de faute grave pourrait suivre la déclaration de non excusabilité. Le tribunal correctionnel n'aurait plus à connaître que de l'application de la loi, le fait ayant été décidé par le tribunal de commerce comme jury.

Dans le cas de fraude, c'est le jury qui prononce ; dans un jury, et il y a toujours plusieurs négocians.

Le quatrième cas mentionné dans l'article présente une erreur de rédaction, en ce qu'il parle d'agens qui sont supprimés par la loi nouvelle.

> 588. Les frais de poursuite en banqueroute simple intentée par le ministère public seront, en cas de condamnation comme d'acquittement, supportés par le trésor public.
>
> 589. Les frais de poursuite intentée par les syndics au nom des créanciers, seront supportés, s'il y a condamnation par le trésor public, s'il y a acquittement par la masse.
>
> Les syndics ne pourront se porter partie civile au nom de la masse, qu'après y avoir été spécialement autorisés par une délibération prise à la majorité individuelle des créanciers présens.
>
> 590. Les frais de poursuite intentée par un créancier seront supportés, s'il y a condamnation, par le trésor public, et s'il y a acquittement par le créancier poursuivant.

Ces trois articles contiennent des dispositions nouvelles qui, en mettant à la charge du trésor les frais en cas de condamnation et même, dans le premier, en cas d'acquittement, ont pour but d'engager les syndics ou les créanciers à ne pas craindre d'attaquer le failli pour le faire condamner s'il y a lieu. C'est le complément de l'intention du projet qui a voulu que les affaires d'une faillite ne fussent pas paralysées faute de fonds, et qui a cru que la société ayant plus d'intérêt que la masse à la punition du failli, devait en faire les frais.

Nous pensons que ce principe est juste, car la masse n'a jamais intérêt à la condamnation du failli, et nous ne regrettons nullement de voir cette garantie de plus pour la société. Car, si nous avons réclamé quelquefois contre la rigueur inutile de certaines mesures, c'est uniquement dans l'intérêt des faillis honnêtes et malheureux, mais nullement dans l'intérêt de ceux qui ont compromis la fortune des autres par des fautes graves et encore moins en faveur de ceux qui ont cherché à tromper leurs créanciers.

Mais plus la loi sera sévère envers les coupables plus elle devra être envers le malheur, je ne dirai pas indulgente (le malheur n'a pas besoin d'indulgence), mais équitable et humaine.

CHAPITRE II.

DE LA BANQUEROUTE FRAUDULEUSE.

591. Sera déclaré banqueroutier frauduleux, et puni des peines portées au Code pénal, tout commerçant failli qui aura détourné ou dissimulé partie de son actif, ou qui, soit dans ses écritures, soit par des act s publics, ou des engagemens sous signature privée, soit par son bilan, se sera faussement reconnu débiteur de sommes qu'il ne devait pas réellement.

Cet article correspond à lui seul aux articles 593 et 594 du Code, qui énumèrent longuement divers cas de banqueroute frauduleuse.

La loi nouvelle s'est abstenue avec sagesse de cette nomenclature toujours incomplète, et souvent inapplicable aux espèces que les tribunaux ont à juger.

En effet, tous les cas spécifiés dans le code actuel, ainsi que tous ceux non prévus, se renferment nécessairement dans ces deux points :

Dissimulation de l'actif;

Augmentation fictive du passif.

Quand l'un ou l'autre de ces caractères ne se rencontrent pas dans les faits reprochés au failli, il ne peut être déclaré banqueroutier frauduleux.

Quand l'un ou l'autre de ces caractères s'y trouve, il doit être déclaré banqueroutier frauduleux.

Il est fâcheux qu'on n'ait pas adopté une rédaction analogue pour les cas de banqueroute simple.

592. Les frais de poursuite en banqueroute frauduleuse seront, en cas d'acquittement comme en cas de condamnation, supportés par

le trésor public, alors même que les syndics se seraient rendus
ties civiles.

Si un ou plusieurs créanciers se sont rendus parties civiles en leur
nom personnel, les frais, en cas d'acquittement, demeureront à
leur charge.

Cet article fait retomber les frais de poursuite en banqueroute frauduleuse sur les créanciers qui se seraient rendus
partie civile et qui succomberaient, parce que leur intervention n'a lieu nécessairement qu'au refus des syndics, de poursuivre le failli comme banqueroutier, et qu'il est juste qu'il
supporte seul les conséquences d'une accusation non justi-
fiée.

Il reproduit au surplus la disposition de l'article 590 du
Code de commerce.

CHAPITRE III.

Des crimes et délits commis dans les faillites par d'autres que
par les faillis.

593. Seront condamnés aux peines de la banqueroute frauduleuse :

1° Les individus convaincus de s'être entendus avec le failli pour
soustraire, recéler ou dissimuler tout ou partie de ses biens meubles et immeubles;

2° Les individus convaincus d'avoir présenté dans la faillite, soit
en leur nom, soit par interposition de personnes, des créances
supposées, et qui, en vertu de ces créances, se seront présentées
pour voter aux assemblées, ou qui, à' la vérification et affirmation, auront persévéré à faire valoir ces prétendues créances
comme sincères et véritables.

3° Les individus qui, faisant le commerce sous le nom d'autrui ou
sous un nom supposé, se seront rendus coupables des faits prévus
par l'art. 591.

L'article 593 est destiné à remplacer l'article 597 du Code
qui déclarait punissables des mêmes peines que le banqueroutier frauduleux, les individus compris dans les numéros

8

1 et 2 de l'article dont nous nous occupons. La rédaction nouvelle présente quelques avantages sur l'ancienne , mais ne change rien au fond de la disposition.

> 594. Pourront être condamnés comme complices de banqueroute frauduleuse , la femme ou les enfans du failli , lorsqu'ils se trouveront dans l'un des cas prévus par l'article précédent , ou lorsqu'ils auront prêté leur nom ou leur intervention à des actes faits par le failli en fraude des créanciers.

La disposition de cet article n'existe pas dans le Code actuel ; non pas que par l'article 597 , on ne pût arriver également à la femme et aux enfans du failli qui sciemment se seraient prêtés à des actes faits en fraude des créanciers , mais le Code n'avait pas cru devoir en faire une mention expresse.

Nous pensons que les auteurs du Code avaient sagement fait.

> 595. La femme ou les enfans du failli qui auraient détourné, diverti ou recélé des effets appartenant à la faillite sans avoir agi de complicité avec le failli , seront punis des peines du vol.

Ce que nous avons dit sur l'article précédent , s'applique à celui-ci.

> 596. Dans tous les cas prévus par les trois articles précédens , l'arrêt qui statuera sur l'accusation prononcera en outre :
> 1° Sur la réintégration à la masse des créanciers de tous biens, droits ou actions frauduleusement soustraits ;
> 2° Sur les dommages intérêts qui seraient demandés et que la cour arbitrera.

Cet article remplace l'article 598 du Code, mais il n'est pas aussi positif sur les dommages-intérêts que le Code fixe à une somme égale à celle qu'on a voulu soustraire. C'est la loi du talion et c'est bien le moins ; surtout quand le complice, étranger aux influences de famille n'a agi que dans l'idée de faire un bénéfice ou de sauver sa créance. La nouvelle rédaction laisse plus de latitude aux juges.

597. Les syndics qui se seront rendus coupables de malversation dans leur gestion, seront traduits devant le tribunal de police correctionnelle et punis des peines portées en l'art. 408 du Code pénal.

L'article 408 du Code pénal n'est pas assez explicite.

Il renvoie dans sa première partie à l'article 406 qui prononce un emprisonnement de deux mois à deux ans. Dans sa seconde partie, il parle de la réclusion sans limiter le temps. Il renvoie, en outre, aux articles 254, 255 et 256; il est à désirer que l'article s'explique positivement sur le syndic prévaricateur. C'est un séquestre judiciaire; c'est de plus un administrateur comptable; c'est souvent un dépositaire. A tous ces titres, il est plus coupable qu'un autre en cas de malversation, mais il faut que la pénalité soit inscrite d'avance dans la loi, pour qu'on la connaisse et qu'on ne puisse hésiter sur son application.

Nul doute d'ailleurs que s'il se rendait coupable de faits prévus dans les articles précédens comme pouvant être commis par les créanciers du failli, il ne doive encourir au moins les mêmes peines. Ce ne serait pas simplement un cas de prévarication; il deviendrait, comme les simples créanciers, complice de banqueroute frauduleuse, et devrait être condamné comme tel, au maximun de la peine.

598. Le créancier qui aura stipulé, soit avec le failli, soit avec toutes autres personnes, des avantages particuliers pour prix de son vote dans les délibérations de la faillite, ou qui aurait fait avec le failli un traité particulier, duquel résulterait en sa faveur un avantage au préjudice de la masse, sera traduit devant les tribunaux de police correctionnelle et puni d'un emprisonnement d'un jour à un an.

L'emprisonnement sera de deux mois à deux ans si le créancier es syndic de la faillite.

Les conventions seront en outre déclarées nulles à l'égard de toutes personnes et même à l'égard du failli. Le créancier sera tenu de rapporter les sommes ou valeurs qu'il aura reçues en vertu des conventions annulées. Il sera condamné envers tout créancier de la faillite, qui se sera rendu partie principale ou intervenante, à des dommages intérêts que le tribunal arbitrera.

Dans le cas où l'annulation des conventions serait poursuivie par la voie civile, l'action sera portée devant les tribunaux de commerce, qui appliqueront les dispositions du paragraphe précédent.

Cet article a pour but, de prévenir l'inconvénient grave et malheureusement trop fréquent, des traités particuliers du failli avec quelques-uns de ses créanciers, soit pour prix de leur vote relativement au concordat, soit pour les empêcher de s'opposer à son homologation.

Il est d'autant plus urgent de réprimer ces traités, que plusieurs tribunaux en ont ordonné l'exécution, quoiqu'en en blâmant l'origine. Ils se croyaient en quelque sorte forcés de respecter ces conventions, parce qu'ils ne trouvaient aucun texte de loi qui leur permît de les annuler.

La loi nouvelle atteindra-t-elle le but désiré ? C'est là la question à examiner. Nous croyons qu'il aurait fallu pour la rendre efficace atteindre le créancier plutôt par des condamnations pécuniaires que par des condamnations correctionnelles. Dans plusieurs pays le créancier qui traite particulièrement avec le failli est condamné, au profit de la masse, au paiement d'une somme égale à celle dont il aurait profité, si le traité eût reçu son exécution. Dans d'autres, notamment à Gênes autrefois, les créanciers qui se trouvaient coupables de cette espèce de délit devenaient, par ce seul fait, solidairement responsables de toutes les dettes du failli.

Sans doute cette sévérité paraîtrait excessive, cependant on ne peut s'empêcher de désirer que la peine du talion soit au moins appliquée. Mais il semble que ce doit être au profit de la masse, et non pas seulement au profit du créancier qui aurait poursuivi la condamnation. Il paraîtrait cependant assez naturel que quand les poursuites ne sont pas faites par les syndics, le créancier qui s'est exposé aux chances du procès reçût, par une condamnation en dommages-intérêts à son profit , que le tribunal arbitrerait, une juste indemnité de ses soins et une compensation du danger qu'il a couru d'être condamné aux dépens.

Enfin , si le législateur veut atteindre plus sûrement ces transactions particulières qui préjudicient à la masse, il serait peut-être plus prudent de laisser aux tribunaux civils , quand ils sont saisis de la demande afin d'annulation de la convention , le soin de prononcer aussi les peines pécuniaires prescrites par cet article, au lieu d'en renvoyer l'application aux tribunaux de commerce, ainsi que l'ordonne le dernier paragraphe.

> 599. Tous arrêts ou jugemens rendus, tant en vertu du présent chapitre que des deux chapitres précédens, seront affichés et publiés suivant les formes établies par l'art. 685 du Code de procédure civile.

J'ai déjà demandé qu'on désignât en pareil cas l'un des deux journaux indiqués par le tribunal de commerce pour la publicité des actes de société. C'est le seul moyen d'obtenir une publicité réelle; car, sans cela , on peut facilement l'éluder en faisant la publication dans un journal très-peu répandu.

CHAPITRE IV.

ADMINISTRATION DES BIENS EN CAS DE BANQUEROUTE.

> 600. Dans tous les cas de poursuite en banqueroute simple ou frauduleuse, les actions civiles autres que celles dont il est parlé dans l'art. 596 , resteront séparées , et toutes les dispositions relatives aux biens, prescrites par la faillite, seront exécutées, sans qu'elles puissent être attirées, attribuées ni évoquées aux tribunaux de police correctionnelle ni aux Cours d'assises.

Cet article répond à l'article 600 du Code. On a suivi sa rédaction pas à pas, sans faire attention que, la loi nouvelle introduisant des actions nouvelles autres que celles mentionnées à l'article 596, qui correspond à celui 598 du Code, il fallait en mentionner également l'exception. Telles sont les actions en dommages-intérêts accordées par l'article 598 du projet contre tout créancier qui a traité particulièrement avec le failli ; il faut donc ajouter l'article 598 à l'article 596.

> 601. Seront cependant tenus les syndics de la faillite de remettre au ministère public toutes les pièces, titres, papiers et renseignemens qui leur seront demandés.

Comme à l'article 601 du Code.

> 602. Les pièces, titres et papiers délivrés par les syndics, seront pendant le cours de l'instruction, tenus en état de communication par la voie du greffier; cette communication aura lieu sur la réquisition des syndics, qui pourront y prendre des extraits privés ou en requérir d'authentiques, qui leur seront expédiés par le greffier.

Cet article correspond à l'article 602 du Code. Il est à peu près rédigé de même. Il me semble qu'on pouvait dispenser les syndics de requérir communication, et dire simplement : Les syndics pourront en prendre copies ou extraits, ou en requérir expédition entière ou par extraits du greffier.

Et il me semble qu'on devrait ajouter : Les frais de ces expéditions seront ajoutés à ceux du procès pendant devant le tribunal ou la cour.

En effet, ils sont nécessités par l'action publique et ne doivent pas augmenter les frais de la faillite.

> 603. Les pièces, titres et papiers, dont le dépôt judiciaire n'aurait pas été ordonné, seront, après le jugement, remis aux syndics, qui en donneront décharge.

Pas d'observations.

TITRE III.

De la réhabilitation.

Avant de nous occuper de l'examen détaillé de ce titre, nous croyons devoir le faire précéder de quelques-unes des observations que nous avons promises précédemment.

Ainsi, et d'abord, nous avons dit au commencement de notre examen, qu'il nous semblait que la loi nouvelle devait être complète, et, pour cela, qu'elle devait reprendre et formuler de nouveau, une à une, toutes les incapacités qui pèsent sur le failli ou le banqueroutier. Ce serait ici la place de l'énonciation de ces incapacités.

Pour nous rendre compte des différens degrés de culpabilité des faillis et banqueroutiers, il faut rappeler la classification que la loi nouvelle a établie, en commençant par la classe qui mérite le plus d'égards :

1° Celle des faillis qui ont obtenu un concordat et qui ont été déclarés excusables et réhabilitables;

2° Celle des faillis qui n'ont pu traiter avec leurs créanciers, et que cependant le tribunal a déclarés excusables ;

3° Celle des faillis que le tribunal n'a pas déclarés excusables;

4° Celle des banqueroutiers simples; .

5° Celle des banqueroutiers frauduleux.

Il nous semble que ces cinq classes présentent suffisamment les moyens de ranger tous les faillis suivant leur plus ou moins d'innocence ou de culpabilité, et qu'il serait à désirer que les incapacités, qui sont de véritables peines, fussent graduées suivant la classification établie. Ce serait le vrai moyen d'atteindre et de punir réellement le commerçant qui, par inconduite ou fraude, a compromis l'avoir de ses créanciers; ce serait aussi le moyen d'arrêter l'honnête homme sur le bord de l'abîme et de l'empêcher de s'y précipiter en augmentant le désastre de sa position par la certitude que les conséquences de sa faillite seraient proportionnées à sa conduite.

Si maintenaut nous examinons ces classes les unes après les autres, il nous semble que la première ne nous présente que des débiteurs malheureux et de bonne foi, dont la justice a examiné la conduite, que les créanciers eux-mêmes ont jugé dignes de tout leur intérêt en leur faisant des remises plus ou moins considérables, et qu'à la rigueur la société n'a plus rien à leur demander, et ne peut, sans injustice, les priver des droits de citoyen. Comment la loi pourrait-elle s'inquiéter de la moralité de celui dont le malheur a éprouvé la probité. Il offre certainement, toutes choses égales d'ailleurs, plus de garanties qu'il n'en offrait avant sa faillite.

Dira-t-on que, comme failli, il ne doit rien posséder, s'il est honnête homme, avant d'avoir entièrement acquitté ce qu'il doit en principal, intérêts et frais, et que, par conséquent, il ne peut prétendre aux droits que donne la propriété? Mais cela serait bon si la propriété seule donnait le droit de citoyen. Aujourd'hui, les droits civiques dépendent autant de l'industrie que de la propriété, ils dépendent même en partie de l'instruction; et, selon toute probabilité, les droits électoraux s'étendront de jour en jour davantage dans les classes industrielles et éclairées. Un failli pourrait donc être dans le cas de réclamer des droits électoraux autres que ceux que donne la propriété.

Ses propriétés d'ailleurs peuvent être industrielles et peuvent lui servir à trouver dans leur exploitation les moyens de satisfaire ses créanciers. Dès que ceux-ci ont jugé à propos de les lui laisser, on ne voit pas pourquoi la société voudrait le priver des avantages qui y sont attachés.

L'article 518 de la loi nouvelle, en laissant au tribunal la faculté d'homologuer le concordat sans déclarer le failli excusable, a posé lui-même la limite où la société reprend son empire et doit conserver des garanties contre le failli concordataire; mais ce refus du tribunal de déclarer le failli excusable peut être déterminé par des circonstances plus ou

moins graves, et ce plus ou moins de gravité pourrait entraî-
ner, avec justice, une suspension plus ou moins longue des
droits enlevés par la faillite.

Cette suspension peut-elle dépendre de l'époque plus ou
moins rapprochée à laquelle le débiteur aurait payé ses
créanciers? il nous semble qu'il n'en peut être ainsi, car faire
dépendre cette suspension du paiement total ou partiel des
créanciers, c'est la faire dépendre plutôt du hasard que de
la probité du failli.

Or, si nous voulons que la loi soit morale, il faut que les
peines qu'elle prononce soient basées, non pas sur l'importance du préjudice causé à autrui, mais plutôt sur la moralité du fait qui a causé le préjudice et sur les efforts faits pour
les réparer.

Il faudrait donc que le tribunal suspendît, pour un temps
quelconque, la déclaration d'excusabilité et se réservât de la
prononcer plus tard, d'après les renseignemens qu'il aurait
obtenu sur la conduite du débiteur et sur ses efforts pour se
libérer.

Quant au failli qui n'a pas fait de concordat, et que cependant le tribunal aurait déclaré excusable, ce qui suppose nécessairement que le tribunal aura été pleinement convaincu
de sa non-culpabilité, encore bien qu'il n'ait pas obtenu de
concordat. Il nous semble qu'il doit être traité aussi favorablement que le failli concordataire; et puisque le tribunal ne le
juge point coupable, on ne peut, sans injustice, lui infliger
une peine.

Quant au banqueroutier simple, il serait peut-être également juste de ne pas le suspendre pour toujours de ses droits
civiques, uniquement pour rendre sa position un peu moins
déplorable que celle du banqueroutier frauduleux.

Nous nous sommes, dans tout ce qui précède, servi des
expressions consacrées par la loi, d'après lesquelles le tribunal
ne prononce la non-culpabilité qu'en déclarant le failli excusable, c'est-à-dire susceptible d'être excusé; mais il nous
semble que, d'après toutes les précautions prises par la loi

même, pour classer les débiteurs faillis, on devait considérer, non pas seulement comme excusables, mais comme excusés, ceux auxquels on ne peut faire aucun reproche grave ; car les fautes légères sont une conséquence de la fragilité humaine, et doivent être considérées avec indulgence.

Ainsi, nous voudrions qu'au lieu de déclarer les deux premières classes excusables, la loi les déclarât d'avance excusées. Nous voudrions, pour la troisième classe, l'admission de l'excusabilité, et nous voudrions qu'elle dépendît, non pas du paiement d'une somme plus ou moins forte, mais de l'appréciation de la conduite du débiteur et des efforts qu'il aurait faits pour satisfaire ses créanciers.

Nous réclamerions pour la quatrième classe l'admission à l'excusabilité, à des conditions, bien entendu, plus rigoureuses que pour la troisième.

Enfin, nous irions même jusqu'à désirer que la cinquième classe ne fût pas à tout jamais exclue de la réhabilitation, puisque nous voyons que cette faveur est accordée à des criminels bien autrement coupables envers la société que les banqueroutiers frauduleux. L'on ne peut pas dire raisonnablement que le banqueroutier frauduleux mérite d'être traité plus sévèrement que le faussaire, que l'incendiaire, que le faux monnayeur, que le voleur avec effraction, que l'homicide même qui n'aurait été condamné qu'aux travaux forcés pour un certain temps.

La loi fait cesser à l'égard de ceux-ci toutes les incapacités qui résultaient de leur condamnation, lorsqu'ils ont, par une bonne conduite ultérieure, rendu à la société les garanties que leur culpabilité avait détruites. Elle n'exige nullement le remboursement du préjudice causé à autrui pour leur accorder leur réhabilitation; elle ne leur impose que des conditions qui dépendent entièrement de leur volonté. Pourquoi serait-elle plus rigoureuse envers le banqueroutier frauduleux ? Pourquoi donc exigerait-elle du banqueroutier frauduleux un paiement intégral qu'il ne dépend nullement de lui d'effectuer.

Nous sommes persuadés que, tant qu'on fera dépendre la durée des peines imposées aux faillis de l'accomplissement

d'un fait à peu près impossible, tel que celui du paiement intégral de leurs dettes, on n'atteindra nullement le but moral
que toute loi doit avoir de punir le coupable d'après son intention plutôt que d'après les événemens.

Nous sommes persuadés que tant qu'on laissera peser les
mêmes incapacités sur tous les faillis sans exception et sans
distinction, on arrivera nécessairement à ce résultat que
l'homme malheureux, sur le point de cesser ses paiemens, ne
s'arrêtera que quand il aura sacrifié toutes ses ressources et
compromis tout l'avoir de ses créanciers. Tandis qu'au contraire, en maintenant dans les résultats de la faillite la classification établie dans le principe, pour régler les différens
degrés de culpabilité, il arrivera que l'honnête homme n'at-
tendra pas, pour recourir à la protection que la loi semble
lui offrir, que sa fortune, et par conséquent celle de ses
créanciers, soit entièrement compromise.

Quel que soit le parti que prendra la chambre sur ces graves
questions, elle reconnaîtra du moins qu'il est indispensable
que la loi s'explique catégoriquement sur toutes les incapacités qu'elle veut faire peser sur les faillis et banqueroutiers.

> 604. Le failli qui aura acquitté intégralement, en principal, intérêts
> et frais, toutes les sommes par lui dues, pourra obtenir sa réha-
> bilitation.
>
> Il ne pourra l'obtenir s'il est l'associé d'une maison de com-
> merce tombée en faillite, qu'après avoir justifié que toutes les
> dettes de la société ont été intégralement acquittées en principal,
> intérêts et frais, lors même qu'il aurait obtenu un concordat par-
> ticulier.

Cet article reproduit d'abord la disposition de l'article 605
du Code. Le second paragraphe est une addition fort inutile,
car il est certain que l'associé en nom collectif est tenu solidairement et personnellement de toutes les dettes de la société, et qu'il ne peut être censé avoir satisfait aux prescriptions du paragraphe premier, s'il n'a pas payé les dettes de la
société dont il faisait partie.

6o5. Toute demande en réhabilitation sera adressée à la cour royale dans le ressort de laquelle le failli sera domicilié, le demandeur devra joindre à sa requête les quittances et autres pièces justificatives.

6o6. Le procureur général près la cour royale, sur la communication qui lui aura été faite de la requête, en adressera des expéditions certifiées de lui au procureur du roi près le tribunal l'arrondissement, et au président du tribunal de commerce du domicile du demandeur, et si celui-ci a changé de domicile depuis la faillite, au tribunal de commerce dans l'arrondissement duquel elle a eu lieu, en les chargeant de recueillir tous les renseignemens qu'ils pourront se procurer sur la vérité des faits exposés.

6o7. A cet effet, à la diligence tant du procureur du roi que du président du tribunal du commerce, copie de ladite requête restera affichée pendant un délai de deux mois, tant dans les salles d'audience de chaque tribunal qu'à la Bourse et à la maison commune, et sera insérée par extrait dans les papiers publics.

6o8. Tout créancier qui n'aura pas été payé intégralement de sa créance, en principal, intérêts et frais, et toute autre partie intéressée, pourra, pendant la durée de l'affiche, former opposition à la réhabilitation par simple acte au greffe, appuyé des pièces justificatives. Le créancier opposant ne pourra jamais être partie dans la procédure de réhabilitation.

Tous ces articles reproduisent à peu près dans les mêmes termes les articles du Code, qui composent le titre de la réhabilitation. La loi nouvelle a entièrement adopté le système de la loi actuelle; il en résultera qu'il n'y aura pas plus de réhabilitations qu'auparavant, à cause de l'impossibilité de la plupart des faillis de pouvoir payer intégralement leurs dettes. Mais il y en aurait encore beaucoup moins, et nous pourrions presque dire qu'il n'y en aurait jamais si elles n'étaient accordées qu'à ceux qui ont réellement payé leurs créanciers intégralement. Ce paiement intégral n'est qu'une fiction; qu'on élude en demandant aux créanciers s'ils sont satisfaits, ce qui peut avoir lieu sans qu'ils aient été payés intégralement.

Il me semble qu'il vaudrait mieux ne pas forcer de recourir à cette escobarderie, pour obéir à une loi qui sans cela serait inexécutable.

On pourrait, ainsi que l'a fait la loi des Pays-Bas dire : « Le failli sera tenu de joindre à sa pétition la liste de tous » ses créanciers, avec la déclaration de chacun d'eux qu'ils » sont satisfaits. »

609. Après l'expiration de deux mois, le procureur du roi et le président du tribunal de commerce transmettront, chacun séparément, au procureur général près la Cour royale, les renseignemens qu'ils auront recueillis et les oppositions qui auront pu être formées. Ils y joindront leurs avis sur la demande.

Cet article reproduit l'article 609 du Code, sauf la suppression de ces mots : *les connaissances particulières qu'ils auront sur la conduite du failli;* sans doute, parce que l'on a pensé que cela était renfermé dans les mots : *les renseignemens qu'ils auront recueillis.*

610. Le procureur général près la Cour royale fera rendre sur le tout arrêt portant admission ou rejet, de la demande en réhabilitation. Si la demande est rejetée, elle ne pourra être reproduite qu'après un intervalle de deux années.

Cet article modifie l'article 610 du Code, qui, en cas de rejet, repoussait pour toujours la demande en réhabilitation.

Cela était sévère, mais rationnel; car on a payé ou on n'a pas payé; dans le premier cas, la réhabilitation ne peut être refusée; dans le second, on a cherché à tromper la justice en produisant des quittances mensongères.

Pourquoi admet-on ce répit de deux années? parce qu'on sait bien que le paiement intégral n'est qu'une fiction et qu'on veut laisser à la Cour royale le moyen d'exiger qu'on rapproche la fiction de la vérité autant que possible.

611. L'arrêt portant réhabilitation sera transmis, tant au procureur du roi qu'aux présidens des tribunaux auxquels la demande aura

été adressée. Ces tribunaux en feront faire la lecture publique et la transcription sur leurs registres.

Cet article est conforme à l'article du Code, qui porte le même n°, il n'y a rien à observer sur ses dispositions.

> 612. Ne seront point admis à la réhabilitation les banqueroutiers frauduleux, les personnes condamnées pour fait de vol ou d'escroquerie, les stellionataires ni les personnes comptables, telles que les tuteurs, administrateurs ou dépositaires qui n'auront pas rendu ou apuré leurs comptes.

Ces dispositions reproduisent celles de l'article 612 du Code. Ainsi, seront privées à jamais de leurs droits politiques et de quelques-uns de leurs droits civils les personnes dénommées ci-dessus.

Tandis que les voleurs de grands chemins, les faussaires, les assassins pourront, aux termes de l'article 633 du Code pénal, rentrer dans la plénitude de leurs droits par la réhabilitation qui, à leur égard, fait cesser toutes les incapacités résultant de leur condamnation.

> 613. Pourra être admis à la réhabilitation le banqueroutier simple qui aura subi le jugement par lequel il aura été condamné.

Entièrement conforme à l'article 613 du Code.

Mais comme la loi nouvelle établit que le concordat pourra être homologué sans que le failli soit déclaré excusable et par conséquent réhabilitable, voilà le banqueroutier simple traité plus favorablement que celui qui n'est pas même déclaré coupable. Il y a ici erreur évidente.

> 614. Nul commerçant failli ne pourra se présenter à la Bourse, à moins qu'il n'ait obtenu sa réhabilitation.

Cette disposition est exactement la même que celle qui termine dans le Code la législation des faillites. Si elle ne devait atteindre que le banqueroutier frauduleux, et que son résul-

tat pût être de mettre la société à l'abri de nouvelles fraudes, à coup sûr, on n'aurait qu'à applaudir à cette disposition; mais il est évident que le banqueroutier frauduleux ne
viendra pas chercher à faire de nouvelles dupes dans le pays
où il est connu, et par conséquent à quoi sert de lui interdire
l'entrée de la bourse dans la ville qui a été témoin de sa banqueroute! S'il se transporte dans un autre pays pour continuer le commerce, personne ne le connaissant, on ne pourra
lui interdire l'entrée du lieu où se réunissent les négocians.

De plus, pour que cette mesure puisse l'atteindre, il faut
supposer que son commerce l'appellera nécessairement à la
bourse; tandis qu'au contraire, il y a une foule d'états qui
n'ont pas besoin que celui qui les exploite se présente à la
bourse. Dira-t-on qu'il est possible que ce banqueroutier
frauduleux soit reconnu tôt ou tard et qu'alors on pourra
lui interdire l'entrée de la bourse? Mais, du moment où
il sera reconnu et démasqué, il est probable qu'il ne s'expo-
sera pas à un affront public, et qu'il s'éloignera de la ville
plutôt que d'être exposé à être chassé de la bourse.

Par conséquent, cette mesure est à peu près inefficace et
sans objet pour le banqueroutier frauduleux auquel il serait
peut-être plus prudent et plus utile d'interdire non l'entrée
du lieu où se traitent les opérations commerciales, mais le
droit d'être patenté. Une pareille prohibition rentrerait plutôt dans nos mœurs que l'expulsion positive d'un individu
d'une réunion publique.

Si cette mesure est insignifiante contre le banqueroutier
frauduleux, qui probablement ne s'en inquiétera guère,
n'est-elle pas bien sévère à l'égard du banqueroutier simple
qui, en définitive, n'est condamné qu'à des peines correctionnelles? La dénomination de ces peines indique que la
société n'a pas totalement désespéré du membre qu'elle a
frappé, qu'elle n'a eu en vue que de le corriger, et qu'elle se
considère comme satisfaite quand elle lui a fait subir la peine
prononcée contre lui.

Mais si cette mesure paraît sévère à l'égard du banqueroutier simple, comment pourrait-on la justifier à l'égard de

celui qui a traité avec ses créanciers par un concordat et dont le tribunal a sanctionné le traité en le déclarant excusable?

Le but du concordat est évidemment de remettre le failli à la tête de ses affaires; cette expression est même consacrée par l'usage. Que signifie de remettre quelqu'un à la tête de ses affaires, et de lui interdire l'entrée du lieu où ses affaires se traitent?

Il y a dans cette disposition une contradiction manifeste et une injustice réelle envers le failli contre lequel aucune plainte ne s'est élevée. Il ne faut pas perdre de vue que la moitié des faillites proviennent de causes entièrement indépendantes de la volonté du débiteur, et en dehors de toute prévoyance humaine : il suffirait même que la minorité des faillis fût dans ce cas pour qu'on fût autorisé à réclamer au moins en faveur de cette minorité la cessation d'une mesure humiliante en elle-même, et qui ne donne à la société aucune espèce de garantie. Il y aurait tout autant de raison de forcer, comme autrefois, ceux qui seraient admis au bénéfice de cession à porter le bonnet vert.

Il nous semble que le temps de tous ces signes extérieurs d'humiliation est passé. Ces peines afflictives seront toujours bravées par les fripons, et elles ne seront réellement pénibles que pour ceux qui les méritent le moins.

Nous pensons donc que cet article devrait être entièrement supprimé, ou qu'il faudrait le restreindre aux seuls banqueroutiers frauduleux.

Paris. — Imprimerie d'Éverat, rue du Cadran, 16.

www.ingramcontent.com/pod-product-compliance
Lightning Source LLC
Chambersburg PA
CBHW072311210326
41519CB00057B/4644